生机勃勃的

科学知识

主编　张　哲

编委　金卫艳　李亚兵　袁晓梅　赵　欣　焦转丽

王　静　侣小玲　李　婷　吕华萍　赵小玲

田小省　宋媛媛　李智勤　刘　珺　王晓菊

靖凤彩　迟红叶　马超新　王　飞　刘　倩

ARTTIME
时代出版
时代出版传媒股份有限公司
安徽科学技术出版社

图书在版编目(CIP)数据

包罗万象的科学知识/张哲主编. —合肥:安徽科学
技术出版社,2013.6
（最令学生着迷的百科全景）
ISBN 978-7-5337-5521-8

Ⅰ.①包… Ⅱ.①张… Ⅲ.①科学知识-青年读物
②科学知识-少年读物 Ⅳ.①Z228.2

中国版本图书馆 CIP 数据核字(2012)第 050324 号

包罗万象的科学知识　　　　　　　　　　　　　　　　张哲　主编

出 版 人：黄和平　　选题策划：教育图书发展部　　责任编辑：吴　夙
责任印制：梁东兵　　封面设计：李　婷
出版发行：时代出版传媒股份有限公司　http://www.press-mart.com
　　　　　安徽科学技术出版社　　　　　http://www.ahstp.net
　　　　　(合肥市政务文化新区翡翠路 1118 号出版传媒广场,邮编:230071)
　　　　　电话：(0551)63533330
印　　制：安徽新华印刷股份有限公司　　电话：(0551)65859178
(如发现印装质量问题,影响阅读,请与印刷厂商联系调换)

开本：700×1000　1/16　　印张：10　　字数：200 千
版次：2013 年 6 月第 1 版　　2014 年 6 月第 2 次印刷

ISBN 978-7-5337-5521-8　　　　　　　　定价：25.00 元

前言

人类文明发展到今天，科学与技术早已高度发达。一个国家的发展，与科学技术的发展息息相关。我们的生活更是与科学技术密不可分，在我们的身边，小到手表、电灯，大到航天飞机、人造卫星，这一切都是科学技术发展所带来的结果。人类历史上已经发生了多次科技革命，每一次革命对人类文明的进程都有着广泛而深刻的影响。由此可见，科学已经深入到了我们每一个人的生活之中，发挥着不可取代的作用，但是那份对科学最原始的好奇心依然燃烧着人们了解科学的渴望。而处在学习阶段的青少年朋友更是有着很强的求知欲，尤其在社会高速发展的今天，我们就更需要用科学技术来武装自己的头脑。

本书中所讲述的科学百科知识，直观而又生动地介绍了当今主要科学领域中的自然科学、工程技术、人体及医学等广泛的内容，通过不同的主题共同搭建了一个全面的科学知识系统，大量丰富又精美的图片向广大青少年读者准确地阐释出了科学的世界观。

CONTENTS

目录

包罗万象的　科学知识

包罗万象的 科学知识

CONTENTS

变化之学

HOLLYWOOD
PRODUCTION _____
DIRECTOR _____
CAMERA _____
DATE   SCENE   TAKE

CONTENTS

生命科学

信息科学

包罗万象的　科学知识

CONTENTS

▶ 新科学技术

包罗万象的
科学知识

万物原理

　　在 137 亿年前的一场爆炸中诞生了现在的宇宙，物质也在这一刻开始产生。人类从未停止过探索世界的步伐，万物都有它们自己存在的道理和规律。研究这些道理和规律的人们将这个领域称做物理。

三种状态——物质的形态

水 在0℃以下变成了冰，这就是水的固体形态。将冰加热，当水温超过0℃冰就会融化，此时水就回到了我们常见的液体形态。如果我们继续给水加温，当温度达到100℃以上，水就会变成看不见的气体，也就是气体状态了。

💡 物质的三种形态

物质具有固体、液体、气体三种状态。在日常生活中，坚硬的钢铁是固体，油和水都是液体，我们看不见的空气就是气体。

💡 固体

固体是不易改变形状的。这是因为固体中的粒子由很强的化学键连接在一起，形成牢固的结构。我们生活中接触最多的是固体。

▲ 液体水

▲ 水在较低的温度下冻成冰也成为了冰块

💡 液体

液体也像气体一样没有固定的形状，它的形状会随着容器的改变而改变。液体和气体不同的是，我们可以看见它，感觉到它。我们喝的水和果汁都是液体。

💡 气体

气体没有固定的形状和体积。我们在气体中穿梭却难以感觉它的存在，这是因为气体中的粒子彼此离得很远。如果你用扇子扇动，你就会感觉凉爽，这是因为有气体快速流过，会加速蒸发散热的缘故。

◀ 香水

知识小笔记

在科学上面是没有平坦的大路可走的，只有在那崎岖小路上攀登不畏劳苦的人，才有希望到达光辉的顶点。

——马克思

💡 等离子体

物质通常只有三种形态，但是有时候我们还能找到少见的第四种形态——等离子体。只有在温度非常高的环境中，等离子状态才会出现。等离子体是由受到强热或电的作用而裂变的原子或分子组成的。

▼ 等离子灯

物体间的相互作用——力

力 在我们周围处处存在,当风吹动我们的衣服时,风对衣服施加了力;当苹果落地的时候,地球对苹果施加了力;当青蛙从荷叶上跃起时,它的腿对荷叶施加了微小的力。

力的科学定义

力是物体之间的相互作用,能使物体的运动状态发生改变,即改变物体速度的大小或方向,力也可以改变物体的形状。力对物体的作用效果取决于力的大小、方向与作用点,这就是力的三要素。

力的分类

力有许多种分类方式,如果按照它的性质分,可以分为重力、摩擦力、弹力、电场力、磁场力、分子力等。按照力的效果来分的话,又可以分为引力、斥力、压力、支持力、浮力、动力、阻力、拉力等。

失重

当物体受到的重力很小的时候,就会处于失重状态。宇航员在太空中处于微重力状态,因此可以漂浮起来。

知识小笔记

给我一个支点,我就可以撬起整个地球!
——阿基米德

*在太空飞行中你只要轻轻一点脚,人就会腾空而起,在空中自由地飞来飞去,这是因为失去了重力的作用

底盘低，重心低，稳定性就好。所以赛车的底盘比一般车低

重心

每个物体都会受到重力，而重力作用的点叫作重心。如果重力线通过重心，物体就处于平衡状态。物体重心越靠近地面，物体越容易保持自身平衡。因此，汽车底盘越低的时候就越稳定。

合力

当一个物体受到好几个力的作用时，产生的作用相当于一个力的效果，这个力就叫作这几个力的合力。合力方向是指几个力合成之后的方向。

力学知识运用

力学知识与我们现实生产、生活关系密切。如修建桥梁，除了要计算桥梁承担自身的重量外，还要计算承担车辆来往的负荷，哪怕是微小的误差也会引起力的不平衡，从而导致桥梁的损坏。

古人很早就知道造桥的时候要保持力的平衡

无处不在——摩擦力

相互接触的物体在接触面上发生阻碍相对运动的现象,被称为摩擦力。摩擦力无处不在:自行车刹车、汽车和火车的制动依靠的是摩擦力;钉子固定在墙上也是依靠摩擦力。

摩擦力的分类

根据不同的摩擦现象,摩擦力可分为静摩擦力、滑动摩擦力和滚动摩擦力。当你用很小的力向前推物体时,虽然物体没有动,但是有向前运动的趋势,因此物体和地面之间就产生了摩擦力,这叫作静摩擦力。物体沿另一物体表面滑动时所产生的摩擦力,叫作滑动摩擦力。一个物体在另一个物体上滚动时产生的摩擦,称为滚动摩擦力。

▲ 滑冰时,鞋与冰面的摩擦力越小,速度越快

▲ 相互击掌的同时两个手掌之间也产生了一定的摩擦力

知识小笔记

摩擦可以产生热量,冬天我们来回搓手,可以让手变得暖和起来。早在原始社会,人们就懂得了钻木取火,利用的就是摩擦力。

摩擦力的控制

摩擦力的大小取决于两个因素:一是接触面的粗糙程度,二是物体间的压力大小。粗糙的表面产生的摩擦力要比光滑的表面大。如果两个物体间的压力很大,它们之间的摩擦力也会随之增大。

麻烦的摩擦力

摩擦力给人们带来很多方便，也带来了不少麻烦。例如机器在开动时，滑动的部件之间因摩擦而浪费动力，还会使机器的部件磨损，缩短寿命。鞋子磨破，自行车轮胎的花纹被磨平，也都是因为产生了摩擦力的缘故。

▲ 自行车

汽车与空气摩擦

当物体运动时，会与其周围的空气形成相对运动，产生摩擦。现代汽车注重车型设计，这不仅为了美观，更重要的是减少空气摩擦。

▲ 车在陆地行走时，轮胎与地面之间，车与空气之间都形成了摩擦力

永不停止——运动

虽然人类很早就认识到物体的运动,但是直到近代,才认识到运动是物质的一种性质,宇宙中没有不运动的物质。没有任何物质是绝对静止的,世界万物都在运动。

认识运动

我们可以直接看见运动,一辆小汽车从你身边经过,它在运动;一片树叶从树上落下,它也在运动。世界上所有的物体都在运动,因此在宇宙中运动是绝对的,直到今天人类还没有发现不运动的物体。

相对性

如果你仔细观测,就会发现你身边没有静止的物体,比如你和一个朋友坐在车上,你看他是静止的,但是路人看他是运动的,这就是运动的相对性,当参考物不同时,物体的运动也不一样。

在宇宙中,大到恒星,小到灰尘,都在不停地运动,科学家直到今天也没有发现绝对静止不动的物体

当汽车和火车以相同的速度运行的时候,汽车相对于火车是静止的,但相对于路牌来说它们都是运动着的

速度

力可以使物体运动起来,有些物体运动得比较慢,有些则运动得比较快。物体运动的快慢是相比较而言的,我们通常用速度作为标准,来衡量物体运动的快慢程度。

▸ 猎豹是陆地上奔跑速度最快的动物,它的最快跑速为110千米/小时

惯性

物体运动有一个性质,如果一个运动的物体不受其他力的作用,就会沿着运动方向一直匀速运动下去,这就是物体的惯性。高速运行的汽车,在刹车的时候不能马上停下,而是要在刹车后滑出一段距离才能停车,这就是由车的惯性造成的。

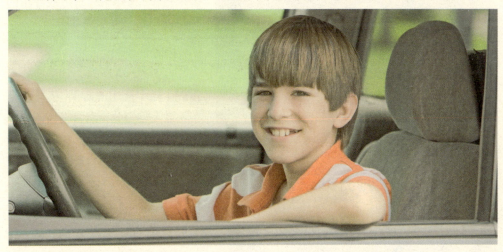

▸ 突然刹车时,人的身体会不由自主向前倾,这是由于惯性的作用

知识小笔记

短跑选手在起跑时用力踩下起跑器,就会从地面获得一个反作用力,从而迅速地冲出去。

动量守恒

当一个物体不受外力或所受外力之和为零时,它的总动量保持不变,这就是动量守恒定律。动量守恒定律是自然界中最重要最普遍的守恒定律之一,它既适用于宏观物体,也适用于微观粒子。动量也和力有关系,力是能使动量变化的物理量。

强壮的力——简单的机械

机械就是利用力学原理组成的各种装置的总称,如杠杆、滑轮等。机械能产生比我们的肌肉大得多的力,使我们做到原本做不到的事情。它不仅能增大我们工作中所用的力,还可以比人类工作得更快、更有效率。

自行车上的链条与车子的后轮之间采用了齿轮传动

💡 木牛

三国时期,著名的军师诸葛亮曾发明过一种不吃草料又能翻山越岭的木牛。这种木牛其实就是有史可考的一种古老的机械,是一种人力独轮车。在木牛的前后装着四条木柱子,这样车在行走或停车的时候就不容易倾斜翻倒。

💡 齿轮

自行车、机械钟表都是齿轮在我们生活中应用的实例。齿轮就是在轮缘上均匀分布着许多齿的一种机械零件,两个齿轮之间靠齿互相咬合,形成连接,只要驱动其中的一个齿轮转动,另一个也会跟着转动。改变齿轮半径的大小可以改变齿轮转动的速度和力量。

知识小笔记

把皮带套在两个轮子上,其中一个轮子转动,会带动另一个轮子转动,并保持转动方向相同。这种传动方式叫作皮带传动。

滑轮

滑轮是用来提升重物并能省力的一种简单机械。利用滑轮组，我们可以轻松地提起很重的物体。中心轴固定不动的滑轮称为定滑轮，与重物一起升降的称为动滑轮。定滑轮只能改变力的方向，不能省力；而动滑轮在不计摩擦的情况下，可以省一半的力。

润滑

利用油脂可以使机械零件的运动省力。油脂其实就是一种润滑剂，它在运动部件的表面上铺上一层薄膜，这就使它们表面不再直接接触其他零件，减少它们之间的摩擦力。

→滑轮

→机油

自动装置

自动化正在使我们的住宅、商店、交通和工厂发生着巨大的变化。现在，许多装置都能自动操作——从自动门到交通灯光信号再到机器人以及在空中自动导航的航空器。这些自动装置不仅可以进行复杂的操作，甚至还可以测定它们自己的性能。

上上下下——压力与浮力

压力是垂直作用在物体表面上的力。水上的船沉不下去，是因为浮力的作用。这两种力是物理力学中最为基本，也是最常见的力。

压力

在地球上高度不同，压力也不同。海底 10 000 米深的地方，水的压力跟 7 头大象保持平衡地站在小餐盘上产生的压力相等。而喜马拉雅山顶的压力是海平面的一半。

压强

压强是单位面积上所受的压力，面积越大，压强则越小。坦克的宽履带是为了增大与地面的接触面积而设计的。

知识小笔记

浮力现象是由古希腊科学家阿基米德在洗澡时受到启发而发现的。

喜马拉雅山顶

大气压

由于地球周围有大气，大气本身的重量就产生了大气压。如果处在没有空气的环境中，我们的血管都可能会爆炸。

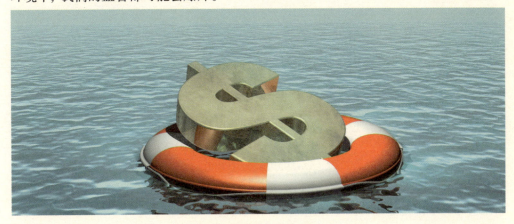

浮力大于物体的重力时物体就会上浮

悬浮与下沉

浸没在水中的物体总会受到一个方向朝上的浮力和一个方向朝下的重力的作用。如果物体受到的合力向下，物体就会下沉；如果物体的重力小于浮力，那么就会上浮，直到它排开的水的重力等于它自身的重力，就不会再继续上浮。

阿基米德定律

阿基米德定律是把物体受到的浮力与它排开的液体的体积联系了起来，即物体受到的浮力等于它所排开的那部分液体受到的重力。这个定律是以发现它的古希腊科学家阿基米德的名字而命名的。

阿基米德雕像

看不见的感觉——热

今天天气很热，但是到底有多热，如果没有温度计，这就很难回答了。我们可以找到两个固定的温度点，一个是冰融化时的温度，另一个是纯水沸腾时的温度。人们虽然看不见这种"热"，但是却能感觉到它的存在。

热的科学定义

现代科学认为热是由物体内部分子运动而造成的物理现象，每个物体都因为它内部分子在不停地运动而产生热量。

热的本质

1745年，罗蒙诺索夫在科学大会上宣读了他的论文《论冷和热的原因》，他认为，冷和热的根本原因，在于物质内部的运动。热是物质运动的一种表现。

◁ 人们在进行剧烈的运动时也会感觉到很热

膨胀的原理

物体加热后，它吸收的能量使分子运动速度加快，范围扩大，所以占据了更多的空间。温度变化足够大时，物质会从一种状态转变为另一种状态。固体在足够温度下融化变成液体，液体在一定温度下又会沸腾，变成气体。

给锅里的水加热的时候，水会加速蒸发，形成水蒸气，如果温度很高，就会有大量水蒸气冒出来

知识小笔记

我们最常见的温度测量仪器是温度计，家里挂的温度计用来测量室内温度，而医院里用的体温计用来测量病人发烧的程度。

温度

物体的温度反映了物体内部分子运动平均动能的大小。分子运动愈快，物体愈热，即温度愈高；分子运动愈慢，物体愈冷，即温度愈低。当以数值表示温度时，即称之为温度度数。

热源

如果一个物体的温度比周围环境高，并向周围环境中释放热量，那么它就是一个热源，比如火堆就是一个热源，它能辐射热量。

密不可分——功和能

功和能是密不可分的，没有能量就做不了功。力只有在移动物体的时候才做功，我们举起一本书，就做了功，所做的功即物体获得的能量。在做功的过程中，总有一种形式的能量转换成另外一种形式的能量。

功率

功率是衡量物体做功快慢的物理量。在国际单位制中，功率的单位是瓦特，在家用电表中，采用"千瓦时"作为能量的单位。

能量

能量是物质运动的一般量度。任何物质都具有能量，由此具有做功的本领。如果一个物体要做功，它就要消耗自身的能量。

知识小笔记

弓箭射出以后会受到空气阻力和地球引力作用而逐渐消耗动能，如果没有阻挡，它会在动能耗尽后落在地面。

▽ 生活中常见的电能

动能

运动物体所具有的动能大小，随物质的质量和速度的增加而相应地增加。物体质量加倍，它的动能也会加倍；如果速度加倍，动能则变成原来的 4 倍。

↑ 动车速度越快动能就越大

↑ 当弓被拉紧时，弓弦就具有了弹性势能

能量转换

当弓被拉紧的时候，弓弦就像拉伸的弹簧具有了弹性势能。当松开弓弦的时候，弓弦的势能就转化成了动能。箭中靶的时候，箭的动能又会转化成热能和声能，所以我们会听到箭中靶的声音。

能量守恒

能量既不会凭空产生，也不会凭空消失，它只能从一种形式转化为别的形式，或者从一个物体转移到别的物体，在转化或转移的过程中其总量不变。

化学能

许多物质的分子内都聚集着能量，当它们的分子发生变化的时候，这些能量就被释放出来，这就是化学能。它通常不能直接做功，只有发生化学变化时被释放出来才能变成能量。

↑ 燃烧把化学能转换成了动能

联系万物——电

很 久以前人们就知道闪电这种自然现象,也知道被摩擦后的琥珀可以吸附微小的物体,但是从来没有人会把这两种看起来完全不同的现象联系起来。实际上它们是有关系的,把它们连接起来的就是电。

摩擦起电

如果你把一个玻璃棒和毛皮摩擦,就会发现玻璃棒可以吸附轻小物体,这说明摩擦可以使玻璃棒带上电,这通常被称为摩擦起电。但实际上电荷是不能凭空产生的,摩擦只是使电荷从一个物体转移到另外一个物体,从而使这两个物体分别带有正负电荷。

▲ 双手摩擦时也会产生小小的电量

▲ 静电

知 识 小 笔 记

金箔验电器是一种检验物体是否带电的仪器。

静电

在日常生活中,因为摩擦到处存在,因此一些物体不知不觉间就带上了电,这就是静电。当你触摸这些物体的时候,就会被静电攻击,有时候静电甚至可以将人击晕。

电荷

在 18 世纪，美国科学家富兰克林用风筝实验证实存在两种性质相反的电，一种是正电荷，另一种是负电荷。后来人们发现物体所带的电总是一个数值的整数倍，于是就把这个数值称为基本电荷。

富兰克林捕捉闪电

不带电荷　　　　同种电荷相斥　　　　同种电荷相斥　　　　异种电荷相吸

电荷的主要特性是同种电荷相互排斥，异种电荷相互吸引

电荷守恒

经典电磁学认为电荷是不能创生的，当电荷从一个物体流到另一个物体，在流动过程中系统的电荷数量会保持恒定，不会增多或减少。这个世界每个物体中都包含有带电微粒，包括我们自己在内，但是因为正电荷与负电荷数量相同，因此不带电。

闪电

库仑和电

电荷的单位是库仑，这是为了纪念法国物理学家库仑，他发现了电力作用的规律。库仑的发现为人类定量研究电开辟了新的道路，是电学研究的转折点，因此电荷作用也被称为库仑力。

动力之源——电池

电池能够产生电流，我们平时所用的手电筒和便携式收音机就是利用电池来工作的。电池不但体积小、携带方便，而且有些充电式的电池在任何有电源的地方都可以取得电力。

▲ 干电池

💡 干电池

干电池的外壳是一个用锌做成的筒，里面装着化学药品，锌筒的中间立着一根碳棒，碳棒顶端固定着一个铜帽。在干电池内由于发生化学变化，碳棒上聚集了许多正电荷，锌筒表面聚集了许多负电荷。当用导线连接电池的两极到电路中时，电路里就会有电流通过。

💡 蓄电池

铅质蓄电池的正负两极分别使用过氧化铅和铅，并浸入稀硫酸内，于是两个电极间产生电流。此时两极分别和硫酸反应，生成硫酸铅。同时电解液中的硫酸渐渐消耗而变稀。使用蓄电池的过程一般叫放电。

▶ 蓄电池

燃料电池

燃料电池是通过氧和氢结合成水的简单电化学反应而发电的。它的种类很多，但都基于一个基本的设计，即它们都含有两个电极，一个负极和一个正极。这两个电极被一个位于它们之间的、携带有充电电荷的固态或液态电解质分开。

▶燃料电池

知 识 小 笔 记

意大利科学家伏打发明了第一种实用的电池，称为伏打电堆。

充电电池

一般的充电电池为镍镉电池，它体积小巧，可以用在小型电器上。这种电池含有氢氧化钾电解液，以氢氧化镍或氧化镍作电池的正极，以镉作负极。

▶充电电池

有趣的柠檬电池

我们可以利用柠檬做一个好玩的电池。将锌片与铜片分别插入柠檬中，再将电线接在两片金属上，连在一起，柠檬汁与插入的金属片会发生化学反应，产生微弱的电流，这样就制成了柠檬电池。不过这股电流虽然无法使普通的灯泡发光，却能让发光二极管发亮。

◀柠檬电池

人类好帮手——冰箱和空调

今天,电冰箱和空调已经步入了千家万户,它们的普及给我们带来了许许多多的方便,它将我们从炎炎夏日带入了一个"清凉世界",让我们远离了酷热所带来的浮躁与焦灼。

布莱顿和孟德斯

1923 年,瑞典工程师布莱顿和孟德斯发明了世界上第一台用电动机带动压缩机工作的冰箱,这就是人类第一台电冰箱。购买了这个专利的芝加哥家荣华公司,于 1925 年开始生产第一批电冰箱。

米德莱

1930 年,美国工程师米德莱成功试制出了新的制冷剂——氟利昂,这种制冷技术延续使用了 50 年。直到近几年,由于氟利昂对地球臭氧层的严重破坏才被停止使用。科学家研制的无氟环保技术开始应用在冰箱上。

▲ 无氟环保冰箱

▲ 现在大部分商家都用中央空调

💡 超市的空调

空调自发明以来一直用于工业领域，直到 1924 年，底特律的一家商场，常因天气闷热而使不少人晕倒，因此他们首先安装了 3 台中央空调，凉快的环境使得人们的消费欲望大增。自此，空调成为商家吸引顾客的有力工具，空调为人们生活服务的时代正式来临。

▲ 中央空调外机

知识小笔记

1873 年，德国工程师、化学家卡尔·冯·林德发明了以氨制冷的冷冻机。

💡 为印刷厂生产的空调

美国纽约的一个印刷商发现温度的变化能够造成纸的变形，从而导致有色墨水失调，世界第一台空调系统就是为他设计的。这个空调是被称为制冷之父的英国发明家威利斯·哈维兰德·卡里尔于 1902 年设计制造的。

来自石头的魔力——磁

磁 力是一种不同于重力的基本作用力,具有磁力的物体被称为磁体,磁体能够吸附铁和含铁的矿物。自古以来,人们就对磁的性质非常感兴趣,并进行了深入的研究。

磁极

磁体具有两种性质不同的极性,我们称这两种极性为南极和北极。磁体也有两个有趣的特性,第一个特性是相同磁极互相排斥,相异磁极互相吸引,这个性质和电相似;第二个特性是一个磁体无论有多么小,总是同时具有两个磁极。

磁场

磁体被磁场包围,任何处于磁场中的磁体都会受到力的作用。物体的磁性越强,磁感应强度就越大,一般来说,磁极附近的磁场最强。

南北磁极

知识小笔记

高斯是德国科学家,他对磁有很深的研究,促进了科学的发展。

磁石

磁石是一种具有磁性的矿物质,它的主要成分是四氧化三铁。虽然一般状况下磁石的磁性可以长期保持,但是打击和加热却会使磁石的磁性消失。现代科学理论认为磁石的性质来源于它的分子内电子的运动。

磁铁的应用

古人发现磁石除了铁，不能吸附别的东西。这个原理给垃圾的回收带来了便利，在脏乱不堪的垃圾中要找到可回收利用的金属很难，但是利用通电磁铁在垃圾上一吸，就可以轻松找到铁。

磁铁

磁感强度单位

磁感强度就是描述磁场强弱的物理量，在磁场不强时，它的单位记作高斯，以纪念对科学发展作出巨大贡献的德国数学家和科学家高斯。

司南在地磁场作用下能保持在磁子午线的切线方向上

无形的波——电磁波

当 你向平静的湖面投入一颗石子时，你会看到一圈一圈的波纹从石子投入的地方散开，直到消失。如果把这看作是看得见的波，那么还有一种看不见的波——电磁波。你看不见它，但是你却可以感觉得到，因为在我们生活中电磁波是无处不在的。

电磁波

电磁波是电磁场的一种运动形态，根据经典电磁理论，变化的电场产生变化的磁场，变化的磁场又产生变化的电场，就这样不断地传播出去，就像波一样，被称为电磁波。

磁场强度

电场与磁场关系示意图

电场强度

能量的方向

电波的方向

麦克斯韦的预言

英国科学家麦克斯韦在总结前人研究电磁现象的基础上，建立了完整的电磁理论，从这个理论出发，麦克斯韦预言存在电磁波，并计算出电磁波的一些特性。

知识小笔记

1930年，人们掌握了短波通信技术，这个技术的重要性不亚于网络对电脑的重要性。

在地球的大气层中，距离地面50千米到数百千米范围内的气体分子受到阳光照射，发生电离，这一层被称作电离层。天波是依靠电离层反射来传播的无线电波。由于电离层会吸收波长超过3千米的长波，所以短波是最适合以天波形式传播的。

我们通常把沿地球表面空间传播的无线电波叫地波。由于地球上有高低不平的山坡和房屋等障碍物，只有能绕过去的无线电波才能被各处接收到。波有衍射特性，当波长大于或等于障碍物尺寸时，就可以绕到障碍物的后面。长波、中波和短波都可以很好地绕过障碍。

赫兹的贡献

1887 年，德国物理学家赫兹在实验室里成功地捕捉到了电磁波，从而验证了麦克斯韦提出的电磁波理论。不仅如此，赫兹还用实验证明了电磁波的一些特性，这些都和麦克斯韦的预言一致。

—— 电子元件　- - - 磁性元件

▲ 赫兹

◀ 横向自由空间电磁波

空间波

空间波的波长在 1 毫米到 30 厘米，是最短的电磁波。它以直线传播，所以既不能沿凹凸不平的地球长途"旅行"，也不能像中波、长波那样穿越高山和建筑物。因此，为了让空间波传输到很远的地方，必须设置中转站，通过接力的方式传输。

● 对于无线通信来说，信息要靠电磁波来传输。一般来说，电磁波的频率越高，可承载的信息量也就越大。而频率越高，相应的波长就越短。

电的来源——发电机与电动机

电流周围存在着磁场,而磁场周围也存在着电场,这就是电磁感应。发电机就是根据磁场周围产生的电场而制成的,而电动机则是把电能转化为机械能的一种机械。简单来说,它是利用通电线圈在磁场中受到力的作用而运动的原理制成的。

发电机原理

发电机是把铜导线绕在铁棍上,由于铁棍旋转,线圈在相对强大的磁场中运动,因而切割磁力线,产生感应电动势,引起电子在电路中运动。

左手定则

左手定则是可以判断电动机旋转方向的一种方法。将左手伸展,使大拇指与其余四指垂直,并且跟手掌在同一个平面内。把左手放入磁场内,使手心对准 N 极,手背对准 S 极,四指指向电流方向,而大拇指的方向就是导体受力方向,即线圈移动的方向。

知识小笔记

德国发明家西门子于1881年建立了第一个电力公共交通系统,使有轨电车开始在柏林的街道上营运。

胡佛水坝的发电机

💡 电动机原理

电动机是生活中不可缺少的机械装置，我们在很多地方都可以看到电动机的身影。电动机内有两个可以产生相反磁场的线圈，当通电的时候，在磁场排斥力的作用下，电动机开始转动，向外输出能量。这就是电动机的工作原理。

◂ 应急电动机

💡 帕森斯蒸汽涡轮

传统的蒸汽机效率低，无法快速运转达到大量发电的目的。1884 年，爱尔兰工程师帕森斯爵士获得蒸汽涡轮的专利权。蒸汽涡轮用 200℃的高压蒸汽来驱动发电机，每分钟转动 4 800 次，运转相当平稳，每秒产生 10 万焦的电能，相当于 100 千瓦。至今，大部分的发电机仍然利用蒸汽涡轮来驱动。

▴ 蒸汽涡轮

电器运转——电的产生

在今天,电已经成为我们生活中不可缺少的能源,我们家里的一切电器都需要电才能运转,那你知道这么多的电是怎么来的吗?本质上来说,我们家里并没有得到额外的电荷,但是却获得了能量,这一切又是怎么获得的呢?

▶ 变压器高压变电站

💡 电压

电压是一项重要的物理量,当一个物体的电荷多了,或是受到电磁力趋使,就会向外传播,这就是电压。电流会从电压高的地方流向电压低的地方。电压的单位是伏特,简称伏,以纪念伟大的科学家伏特。

💡 静电起电机

人类拥有的最早的发电机是静电起电机,这种仪器通过机械力量转动,以摩擦的方式获得额外的电荷。可以想象它只能提供极小的电流,不要说家庭利用,就连一个小型灯泡都无法持续点亮。

💡 特斯拉

特斯拉是美国发明家,他发明了旋转磁场的大型发电机,可以避免传电导体的摩擦损耗带来的麻烦了。为了纪念他的贡献,磁感强度的单位设为特斯拉,简称为特。1特等于100万高斯。

知 识 小 笔 记

一旦科学插上幻想的翅膀,它就能赢得胜利。
——法拉第

水力发电

水力发电是对环境改变较小的发电方式，应用也最广，唯一的缺点就是电站要建立在河水落差较大的河流上，建设难度比较大。不过水电站使用的是水能，不需要消耗其他能源。

▲水力发电站

火力发电

火力发电是目前采用最多的发电方式，在火电站里，先将水烧成蒸气，然后依靠蒸气推动发电机发电。火力发电会消耗大量的煤炭，对空气造成污染。

▲火力发电对空气污染严重

照亮千家——人造光源

在人类还没有任何照明工具的时候，也许黑夜里的月光就成为了他们驱走黑暗带来的恐惧和不便的唯一希望。所以人们创造了神话里的英雄——普罗米修斯，他盗取火种，带给人类光明。在两万多年前，人类就使用动物油来实现照明，这开启了人造光源的历史。

🕯 蜡烛

蜡烛最早是起源于原始时代的火把，原始人把脂肪或者蜡一类的东西涂在树皮或木片上，捆扎在一起，做成了照明用的火把。1820年，法国人强巴歇列发明了三根棉线编成的烛芯，使烛芯可以完全燃烧，避免了经常剪烛芯的麻烦。

蜡烛

灯泡

💡 白炽灯

1880年，爱迪生把碳化后的竹丝装进玻璃泡，通上电后，这种竹丝灯泡竟连续不断地亮了1 200个小时！ 1906年，爱迪生又改用钨丝来做灯丝，使灯泡的质量又得到提高，并一直沿用到今天。

知识小笔记

英国人约瑟夫·威尔森·斯旺于1878年以真空下用碳丝通电的灯泡得到英国的专利，并开始在英国建立公司，在各家庭安装电灯。

荧光灯

低气压的汞蒸气在放电过程中会辐射紫外线，这些紫外线促使荧光粉发出可见光，荧光灯就是根据这个原理制造的。由于荧光灯所消耗的电能大部分用于产生紫外线，因此，荧光灯的发光效率远比白炽灯和卤钨灯高，是目前最节能的电光源。

↑ 路灯

霓虹灯

霓虹灯的光色是由充入惰性气体的光谱特性决定：光管型霓虹灯充入氖气后会发红色光；荧光型霓虹灯充入氩气及汞后会发蓝色、黄色等光，这两大类霓虹灯都是靠灯管内的气体原子受激辐射发光。

↑ 正因为有了霓虹灯，我们才能看到如此美丽的夜景

来去自如——无线电

无线电是一种电磁波，它是通过变化的电场和磁场产生的。与声音传播不同的是，它的传播可以没有媒质。所以，我们通过电磁波可以收到来自遥远太空中宇航员的声音和图像画面。

频率

无线电发射机每秒发出无线电波数千次，甚至数百万次。每秒发出电波的次数叫频率。频率在收音机的调节刻度上以千赫（每秒发出无线电波 1 000 次）或兆赫（每秒发出无线电波 100 万次）标明。不同的频道用不同的频率，所以需要调节接收机来选择频道。

▲ 收音机

▼ 电视

知识·小·笔记

利用无线电波来进行通信的第一人是意大利工程师马可尼。

无线电的传送

广播节目的发送是在广播电台进行的。广播节目的声波经过电声器件转换成声频电信号，并由声频放大器放大，振荡器产生高频等幅振荡信号；调制器使高频等幅振荡信号被声频信号所调制；已调制的高频振荡信号经放大后送入发射天线，转换成无线电波辐射出去。

调频波

使载波频率按照调制信号改变的调制方式叫调频。频率变化的大小由调制信号的大小决定,变化的周期由调制信号的频率决定。调频波用英文字母FM表示。

调幅波

使载波振幅按照调制信号改变的调制方式叫调幅。经过调幅的电波叫调幅波,它保持着高频载波的频率特性。调幅波的振幅大小由调制信号的强度决定,调幅波用英文字母 AM 表示。

◀ 小男孩和泰迪熊看电视

无线电的应用

除了声音广播外,很多其他种类的通信也要用到无线电波。警察、消防员、出租汽车司机和救护车的人员用双向无线电跟总部联络或互相联络,移动电话通过无线电跟主电话网络联系,电视广播用无线电波传送影像和声音等。

▲ 网络也是采用电磁波来传输信号的

方便快捷——电子通讯

我们幸运地生活在一个信息时代,因为在这个时代,我们可以非常便捷地和他人交流。电子通讯,无疑成为了这个信息时代最伟大的发明之一,有了它我们可以坐在家中和千里之外的亲朋好友聊天,让世界的距离通过电波缩小到一条电话线上。

贝尔

贝尔

1876 年,美国科学家贝尔把金属片连接在电磁开关上,没想到在这种状态下,声音可以控制电流的通行。这个发现让贝尔发明了电话,并于 1876 年 2 月 14 日在美国专利局申请了电话专利。

电话

电话是用电流作为信号载体,双向传输声音的设备。说话一方通过话筒把声音信号变为电信号,然后再转化为数字电信号传播出去,另一头接听者的电话将这个电信号转变为声音信号,发出声音。

贝尔电话专利手绘图

知识小笔记

1863 年,德国的一个教师菲利普·赖斯用木头、羊皮膜片、白金触点等一系列零件组装了世界上第一台电话。

电话

💡 传真机

　　传真机具有收发两用的功能。它通过光学扫描系统，将发送文稿的有光区和无光区变换成数字信号，然后再转变为音频信号，由发射端发送给另一个传真机。现在传真机的功能越来越多，它能自动拨号、自动收发文件、自动应答等。

▲ 传真机

💡 可视电话

　　现在的人们对电话的要求更多了，已经不再满足于简单的通话，他们更想看看说话人的表情，达到真正的近似面对面交谈。可视电话就完成了人们的这个需求，而另外一些人也通过网络代替了昂贵的可视电话。

💡 移动电话

　　移动电话是一种无线电话。无论在世界的哪一个地方，只要是在其通讯网络内，都可以用它来通话。移动电话以其方便、迅捷而受到了广大用户的普遍青睐，目前普及率已经达到了很高的水平。

▲ 移动电话

自然奇景——光

宇宙中的物体都在放射电磁波，但是多数情况下我们看不见它们。因为它们的频率低于可见光的频率。如果我们把物体加热，辐射频率提高后，就会产生可见光。光也是我们永远无法离开的重要物质。

知识小笔记

无知识的热心，犹如在黑暗中远征。
——牛顿

💡 什么是光

光是自然界中的一种能量形式，正是在它的照耀下，地球上才拥有适合生物生存的温度，植物才能进行光合作用，制造氧气。光是宇宙中"跑"得最快的物质，1秒钟的时间可以"跑"300 000千米，相当于绕地球赤道7圈。

💡 光的性质

在牛顿看来，光是由很多非常微小的圆球状粒子组成的；而荷兰数学家惠更斯认为，光像声波和水波一样是波的运动；现代量子论则认为，光在有些方面表现得像波，而在某些方面则像粒子。现在普遍认为光的性质为波粒二象性。

💡 光源

能发光的物体都被称作光源。当一个物体达到一定温度的时候，它就会产生可见光，这时它就成了一个光源。在500℃左右时，物体放出暗红色的光；到了5 000℃，物体就可以放射出所有颜色的光。

💡 影子

在一般情况下，光是直线传播的。途中遇到不透明的物体就会被反射，于是当光线照在我们身上时，被我们身体遮住的地方就会出现影子。影子是否清晰，取决于光源。点光源下的影子清晰，而扩散光源下的影子就比较模糊了。

←影子

✦萤光棒发出的光也是冷光

💡 冷光

大部分物体只要发光就会产生热，例如我们被阳光照射会感到温暖，就是因为太阳在发光的同时放射出了热量。但不是所有光都是热的，一些发光但是产生热量极少的光称作冷光。例如萤火虫、松球鱼、植物中的夜光菌、电视的荧光屏等发出的光。

笔直行走——光的传播

光 沿着直线传播,所以如果光被遮挡就会出现影子。晚上用手电筒照射墙壁,会形成光斑,我们离墙越远,光斑越大,这是因为光会因为各种原因出现散射。在某些时候,光会以波的形式传播,光的干涉和衍射现象肯定了光是一种波。

💡 光的衍射

光在传播路径中,遇到不透明或透明的障碍物,绕过障碍物,产生偏离直线传播的现象称为光的衍射。 就好像水倒在水平的板子上,会沿着板子周围继续向下流一样。光的衍射会在绕过障碍物后通过散射继续在空间发射。

太阳光的衍射

知 识 小 笔 记

早在 300 多年前,英国的物理学家牛顿就用三棱镜将日光分为了红、橙、黄、绿、青、靛、紫 7 种颜色。

💡 光的干涉

满足一定条件的两列相干光波相遇叠加,在叠加区域某些点的光振动始终加强,某些点的光振动始终减弱,即在干涉区域内振动强度有稳定的空间分布。例如肥皂泡会产生变化多彩的颜色就是光的干涉造成的。

光的三原色

红色、绿色和蓝色被称为三原色，将这三种原色光混合在一起几乎可以生成所有颜色的光。红光和绿光如果混合会形成黄光，红光和蓝光混合会产生品红光，而蓝光和绿光混合会产生青光。如果把这三种光混合在一起就可以产生我们看到的白光。

↑三原色

↑三棱镜

三棱镜

三棱镜能改变光的传播方向，光的颜色不同，方向改变的程度就不同。因而，三棱镜能把复合的光分解为多色的光谱。光谱中不同颜色的光具有不同的波长，含有不同的元素。

传播速度快

光是目前自然界跑的最快的物质，1 秒可以跑大约 30 万千米，相当于绕地球 7 圈。太阳距离地球相当远，但对光来说，从太阳到地球只需很短时间就能抵达。

↑光的干涉

光的神奇——反射与折射

镜 子和透镜是我们日常生活中最为常见的两样工具，这两件工具就包含了光的反射与折射原理。可以这么说，如果没有镜子与透镜，人类就不可能取得今天这样的科学成就。

光的反射

光在遇到无法穿过的障碍物的时候，就会被反射回来。如果障碍物表面比较平整，反射就比较有规律，这种反射可以用几何知识描述，因此光反射属于几何光学。

平面镜

平面镜是我们使用得最多的反射镜，它的反射非常接近平行反射，可以精确地反应物体的形状和外貌，因此常用做镜子和平面反射镜。

▼平面反射镜

▶我们平时照镜子其实就是利用光的反射原理

光的折射

当光在穿越某一些物体的时候，光的传播路线发生变化，这就是折射现象，比如一根插入水中的铅笔看起来弯曲了，就是光的折射造成的。透镜虽然允许光线通过，但是却会改变光线的传播路线，这种改变和透镜本身的形状有密切的关系。

知·识·小·笔·记

哈哈镜实际上就是凹面镜和凸面镜的组合，凹面镜会把镜像缩小，凸面镜会把镜像放大，从而达到失真的效果。

▶哈哈镜

▼老花镜就是凸透镜

不同的透镜

根据形状，我们可以把透镜分为凸透镜、凹透镜和平面透镜。如果都是平行光线照射，凸透镜可以把这些光聚集在另一端的焦点上，凹透镜会使平行光分散，平面透镜只是将光的传播方向平移。

神奇光线——激光

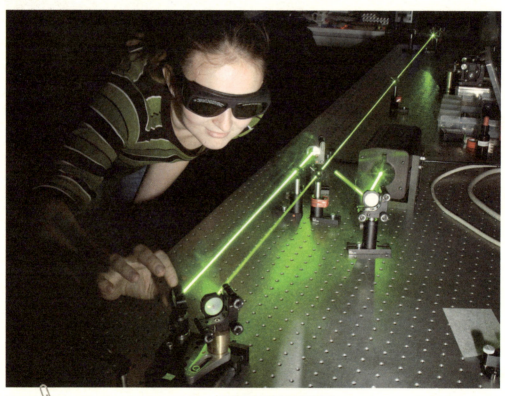

在 科学家的眼里,光不仅可以照亮大地,还可以切割金属,甚至透过皮肤切除肿瘤。在科幻电影里,人们使用的武器射出的道道光线还可以击毁巨大的机器人。这个神奇的光线就是激光。

科学家在激光实验室做研究

知识小笔记

1960 年 5 月 15 日,美国加利福尼亚州休斯实验室的科学家梅曼宣布获得了波长为 0.694 3 微米的激光,这是人类有史以来获得的第一束激光。

什么是激光

激光是一种特殊的人造光,它来自一些物质的分子或原子。当这些微粒因为饱含能量而处于被激发的状态的时候,如果有频率合适的光子A从旁经过,就会发出光子B,光子B的频率和传播方向与光子A一致,如果这些光子反复经过受激发的物质,就会产生越来越多同方向的光子,形成极强的光子流,这就是激光。

激光手术

激光具有很好的准直性和高能量，可以清除人身体里的有害细胞，而不伤害附近细胞，因此被用于医疗手术。和传统手术相比，激光手术有创口小、不出血等许多优点，因此有很广泛的应用。

激光扫描仪

购物场所常用激光扫描仪来解读商品信息，当激光照射到商品条形码的白色部位，会被反射回来，而黑色地方不会返回激光信号，由此获得商品信息。条形码解读器中的激光器是用半导体制造的。

医生正在给病人进行激光眼科手术

激光扫描仪

激光武器

激光武器是一种发射激光束直接毁伤目标或使之失效的武器。根据作战用途的不同，激光武器可分为战术激光武器和战略激光武器两大类。

带有激光的武器

保存记忆——照相机

一个带有小孔的不透光盒子，盒子里安装了可以成像的胶片，这就是照相机的最基本原理。如今，照相机已经成为我们记录生活历程的最佳工具之一，在它的帮助下我们将一个个值得纪念的悲喜瞬间保存了下来。

照相机

照相机工作时，镜头把被拍摄景物成像在胶片位置上，然后通过控制快门的开闭，胶片被曝光而形成潜影，这样就完成了一次拍照。现在，照相机已普及到家庭，人人都可以用相机拍自己喜欢的照片，来实现自己对美好生活的理解。

照相机帮助我们留下了很多美好的回忆

💡 最古老的照片

1822 年，法国的尼普斯在感光材料上制出了世界上第一张照片，这张成像不太清晰的照片拍摄的是他的谷仓和鸽子窝，用了 8 小时的时间去曝光，以致图片中的阴暗部分表现得不是十分清楚。它是世界上现存的一张最古老的照片。

▲胶卷

💡 胶卷

要把形成的像记录下来，这需要依靠胶卷的帮助。胶卷装在照相机中，是表面涂有特殊药剂的塑料胶片，药剂在遇到光时会发生化学反应。照相时，调节焦距，使焦点正好落在胶卷上，在胶卷形成的像里，光强的地方反应强，光弱的地方反应弱，没光的地方不反应，这样就把图像保留了下来。

知识小笔记

1880 年，24 岁的银行记账员乔治·伊斯曼开设了一家"伊斯曼干版公司"。1888 年，该公司生产出了第一台"柯达"相机。

💡 数码相机

数码相机里有一种被称为电子影像感受器的东西，它能直接把物体反射的光线转化为数码信号，最终存储起来，所以它没有普通相机使用的胶卷。

▲单镜头反光照相机

放大世界——显微镜

在 显微镜出现以前，人类观察世界的方式有一定局限性，是显微镜将我们带入了一个全新的天地。它使我们第一次看到了难以计数的微小生命，看到了从人体到植物纤维等各种东西的内部构造。显微镜的诞生，在生物学与医疗等领域掀起了一场巨大的革命。

列文·虎克

列文·虎克是荷兰著名的发明家。16 岁时，贫穷的生活迫使他离开学校去一家杂货铺做学徒。列文·虎克喜欢把闲暇的时间花在他最感兴趣的两件事——读书和磨制镜片上。这使得他在很早的时候就学会了琢磨玻璃、制造透镜的技术。正是他研制成的简单的显微镜，使人类第一次看到了神奇的微观生物世界。

列文·虎克

知识小笔记

20 世纪 30 年代，俄国物理学家和工程师弗拉基米尔·兹尔沃金在美国研制成功第一台电子显微镜。

💡 光学显微镜

通过列文·虎克的不断改进，人们得到了观测效果更为理想的光学显微镜。光学显微镜一般由载物台、聚光照明系统、物镜、目镜和调焦机构组成。它利用光学成像原理，通过物镜、目镜等光学透镜把观察对象放大成像。

💡 电子显微镜

到了 20 世纪 20 年代，光学显微镜已不能满足医学研究的需要了。1931 年，德国物理学家恩斯特·鲁斯卡通过研制电子显微镜，使生物学发生了一场革命。他和同伴诺尔用电子束和聚焦线圈进行实验，来研究磁场线圈对于电子束的效应理论。终于在 1933 年底他们制造出一台超级显微镜，其放大倍数高达 12 000 倍，已经远远超过了光学显微镜的分辨率。

光学显微镜

自从有了显微镜，人们看到了许多微小生物和构成生物的基本单元——细胞

魅力无限——电影技术

电影院大概大家都去过。即使是最不爱出门、整天在家里看电视的人，也难免会为市面上宣传的某部电影，去光顾一次电影院。相信没有人会忘记自己看过的第一部影片，而其他任何一种艺术形式，恐怕都不能叫人如此难以忘怀。这就是电影的魅力。

爱迪生的贡献

关于电影的诞生，大发明家爱迪生的功劳是不容抹煞的。他的第一个贡献，是在 1887 年和助手在胶片间发明了凿孔方法，解决了活动照片的放映问题；他的第二个贡献，是在 1894 年发明了"电影视镜"。它像一面大柜子，上面装有放大镜和凿孔胶片，可以使画面循环播放。

· 爱迪生

知识小笔记

1923 年，美国人弗雷斯把电子管用在有声电影的录音设备上，录音式电影问世。电影进入有声时代。

💡 "电影之父"

1895 年 12 月 28 日，卢米埃尔兄弟公开售票放映了自己的影片，伟大的电影诞生了。卢米埃尔兄弟原是照相摄像师，他们将爱迪生的发明和自己的"连续摄影机"综合研究后，于 1894 年研制成了世界上第一架比较完善的电影放映机——活动电影视镜。第二年，他们又取得了拍摄和放映电影的专利，成为电影真正的发明人和创始人，被后人尊称为"电影之父"。

▲ 卢米埃尔兄弟

💡 第一部喜剧片

《水浇园丁》是银幕上第一部喜剧片，是根据卢米埃尔 7 岁小弟弟的调皮举动拍摄的。这场追打孩子的镜头，形成了引人发笑的场面。这部短片尽管技术并不高明，光线灰暗，但可以说是最早的带有"悬念"的喜剧片。

▲ 电影板岩

▲ 电影卷轴

💡 第一部摄影机

世界上第一部实用电影摄影机是由英国发明家格林奈首先发明的。1888 年，他在前人的基础上，改进了摄影机，同时拍摄了伦敦的街景。当试放电影时，格林奈看到人物在布幕上活动起来，不禁兴奋地跑到大街上高呼："成功了！成功了！"

流动的旋律——声音

声音虽然有高低之分,但传播方式是相同的,都要依靠媒介传播。在神秘的自然界里,有些声音我们是听不到的,但是一些动物可以。

什么是声音

声音只是压力波通过空气等介质的运动。对于人类来说,声音就是人们听力所能感觉到的不同频率的波。声音由物体振动产生,然后以波的形式通过某种介质传播到我们的耳朵。

▶增大声音

回声

声波在传播过程中,碰到大的反射面(如建筑物的墙壁等)时将在界面发生反射,人们把能够与原声区分开的反射声波叫做回声。北京的天坛回音壁利用回声原理,使人的讲话声变得比平常大。

站在空旷的地方大喊,会有自己的回声来回应我们

声音的速度

在不同的物质里，声音传播的速度大小是不一样的。一般情况下，声音在固体里传得最快，在气体里传得最慢，在液体里的速度居中。

▲ 噪音

噪音

噪音就是令人烦躁的声音或非常强烈的声音。人们长期在噪音环境中生活，听力会受到损害，还会精神紧张；严重的话，还会毙命。因此，人们在生活中应该注意改善自己的环境，避免噪音对身体造成的伤害。

美妙的乐音

乐音是构成音乐的基础，但并非全部。让一个不会弹琴的人坐在钢琴前演奏，他敲出来的都是乐音，可这些乐音却杂乱无章，一点也不动听。当音乐家经过艺术构思把各种乐音组织起来，使之变得和谐、动听、有节奏时，音乐就出现了。

▼ 优美动听的乐曲

知识小笔记

B超是利用向人体内部发射超声波，并接收其回声信号，可摄片形成比较完整清晰的影像。

造福人类——声音的利用

不同的动物对声音有不同的敏感度，有些动物在水中游动时，可以利用耳朵来探测声音。还有些动物利用声音来交流和收集周围环境的信息。人们更是利用声音研制了不少先进仪器，以方便日常生活。

声控

科学家已能把声波变成诱发信号，利用声音启动装置，使一些人工操作变成自动行为。日常生活中最常见的应用声控原理的是节能型电灯，人的脚步声会诱发电灯连动装置，使灯处于打开的状态。

▶紫光灯（BLB）又名紫外线灯，是医院用于消毒的一般设备。紫光灯可放射出紫外线，长时间的照射可对人的眼睛、皮肤造成严重伤害。紫光灯管照射约 5 分钟即对眼睛有损伤。

▶麦克风英文是 microphone，根据读音，音译过来的

知识小笔记

20 世纪 30 年代，纸磁带被发明出来。到了 40 年代，钢片磁带也诞生了。如今的录音机所放的大都是裹着磁化材料的塑料磁带。

话筒

话筒好比一个反向工作的喇叭，话筒内的金属线圈固定在柔韧的圆盘上。声波使膜片和线圈振动，磁场内线圈的振动，使线圈内产生电流，电流的波动起伏与声波一致。这样，我们的声音就会转变为电信号被记录下来。

▲ 唱片

留声机

　　留声机最早是美国发明家爱迪生发明的。它用一个振动薄膜将声音记录下来，声音的振动使一根针在一个覆盖着锡箔纸的圆筒上划下螺旋形的纹路。当针再次沿着这些小沟运动的时候，又引起了另一个振动膜的运动，这样声音就出来了。

唱片

　　声音以螺旋细槽的形式被切进塑料圆盘里，这就成为了一张唱片。播放唱片时，带有特别开头的尖唱针可以插入唱片的细槽中，唱片旋转后，细槽的形状使唱针振动，将振动由两条电磁铁转成电流，并输出到扬声器中，这样人们就能听到美妙的音乐了。

超声波检查

　　超声波发射到人体内遇到界面时会发生反射及折射，并且在人体组织中可能被吸收而衰减。因为人体各种组织的形态与结构是不相同的，因此其反射、折射以及吸收超声波的程度也就不同，医生们正是通过仪器所反映出的波形、曲线，来诊断所检查的器官是否有病。

▲ 平时我们说的 B 超就是向人体发射超声波，同时反射波会将所携带人体脏器的信息反映在屏幕上

万物本质——分子和原子

世界上所有物质都是由分子组成的,因为分子是独立存在而保持物质化学性质的最小粒子。原子是化学变化中最小的微粒,分子是由原子组成的。一亿个原子一个接一个地排列起来,其长度也仅有几厘米。

分子

分子有一定的大小和质量,分子间有一定的间隔,分子在不停地运动,分子间有一定的作用力。同种分子性质相同,不同种分子性质不同。

计算机图像生成一个分子模型

原子

原子是化学变化中的最小微粒。原子的概念是基于物质的粒子性这一人类直观的感觉而建立的，但在物质波动性上也可以找到它的影子。或许就是因为原子的发现，才使物理学有了现在这样辉煌的成果。

原子核的内部

每个原子核内都有质子和中子，而这些质子和中子又是由更小的被称为夸克的粒子组成的。夸克被另外一些粒子，确切地说，它们是被胶子联结在一起的。

原子的内部大部分是空的

电子

中子

质子

▲ 原子模型结构图

电子云

电子在原子核外空间的某区域内出现，就好像带负电荷的云笼罩在原子核的周围，人们形象地称它为"电子云"。离原子核越近，电子出现得越多，离核越远，电子出现得越少。

◀ 原子核及外层环绕着的不同状态下的电子

知识小笔记

1801年，英国的化学家道尔顿根据实验证明了每个化学元素都是由原子组成的，元素之间各不相同，只是由于构成它们的原子各不相同。

利弊参半——放射性

大多数原子核都很稳定,但也有一些核不稳定,并具有放射性。具有放射性的原子核被称为放射性元素,它们能放射出三种不同类型的辐射。放射性可以是有用的,也可以是有害的。比如说,原子弹的放射性是有害的,而医生却可以借助放射线为病人治病。

放射性的来源

一些元素的原子核因为结构不稳定,因此处于激发状态,当它向稳定态变化的时候,就会释放出能量或者粒子,这就是放射性的来源。对于放射性原子核来说,它们会释放出三种性质不同的射线。原子核在放射中产生变化,称为衰变。

▲ X射线分析仪

◆ 手的X射线

知识小笔记

我喜欢离开人们通行的小路,而走荆棘丛生的崎岖山路。

——伦琴

X射线的产生

最早发现X射线的是德国科学家伦琴,他在做阴极射线实验时无意间发现了 X 射线。当阴极射线轰击一些金属时,会释放出频率很高的电磁波,这些电磁波就是X射线。

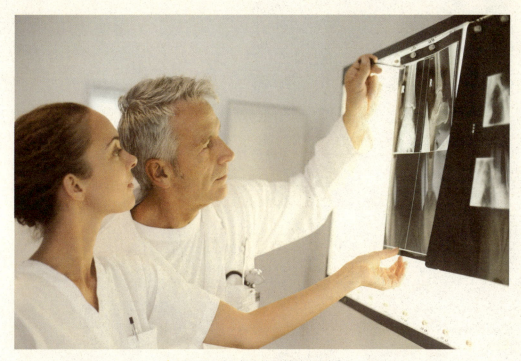

两位医生正在根据 X 射线判断病人的病情

神奇的本领

X 射线最突出的本领就是具有较强的穿透性，它可以穿透人体软组织，但是却无法穿透骨骼，这就为医生在不损害人体健康的情况下研究骨骼变化提供了一项强大的工具。在今天，X 射线还可以帮助医生判断病人的病情。

自然界的 X 射线

其实在伦琴发现 X 射线以前，X 射线就存在于宇宙之中了，一些温度高达上百万摄氏度的气体就可以发出很强的 X 射线，这为科学家了解遥远星体的变化提供了很大的帮助。

X 射线的科学意义

X 射线不仅对医学和天文学有帮助，还对化学和分子生物学有帮助。借助 X 射线拍摄的图片，科学家们可以更直观地研究分子的结构。

梨内部的 X 射线

变化之学

　　世界是由物质构成的，不同的物质由不同的元素构成。当西方炼金术士还畅想着他们关于土、水、火、空气的元素理论的时候，中国劳动人民早已经开始用掌握的合金冶炼技术制作日常用品和兵器。化学早在被定为一门应用广泛的学科之前就已经在不断改变着我们的世界。

化学本质——元素

元素是人们对组成整个世界的基本物质的称呼,而现在我们所说的元素是指组成世界上各种实体的基本化学物质。现在我们知道,元素并不是组成世界的最基本物质,但是我们依然用元素来称呼原子,因为它们和宏观世界的联系最为紧密。

元素的诞生

在 137 亿年前的"大爆炸"中,我们的宇宙诞生了,最简单的元素"氢"成为了大爆炸以后诞生的第一种元素。氢之后就是氦了,构成地球的一切元素都在大星球的核中诞生。当星球爆炸的时候,元素会随着爆炸散射在太空里。

太阳爆发

知识小笔记

不靠猜想,而要根据事实。
——拉瓦锡

古代的元素

公元前 4 世纪,亚里士多德等哲学家认为各种形态的物质仅由 4 种按不同比例排列起来的元素组成。它们是火、空气、水和土。但在古代中国认为世间物质都是由五种相生相克的元素组成。

分子的化学元素示意图

元素新认识

17 世纪，化学有了大发展，科学地认识元素成为可能。在 1669 年，德国人勃兰德发现磷。18 世纪法国科学家拉瓦锡是明确元素化学定义的人，他认为能保持物质化学性质的基本物质就是元素，所有物质都是由化学元素组成的。

有所谓"炼金术士的哲人手"。你在手掌上看到鱼——汞的符号，还看到火——硫的符号。鱼在火里——汞在硫里，依炼金术士的见解，这就是一切物质的起源

元素和炼金术

其实在很久以前，世界各地的炼金术就开始发展起来,炼金术士总是希望通过将普通的物质进行提炼后能转化为另一种物质。他们除了希望将普通的金属转变为贵重的黄金,还尝试着寻找长生不老的丹药。他们虽然认识到了元素,但是却没有搞明白什么才是化学。

生命动力——空气

人 没有食物可以存活两周，没有水可以活7天，而没有空气却只能维持几分钟。虽然空气看不见，摸不着，但人们通过扇风、吹气、呼吸，又能真切地感受到空气每时每刻都在我们的周围。所以，以空气为研究对象的化学是非常重要的。

空气的组成

空气的成分中，含量最多的是占空气体积78%的氮气，之后依次是占空气体积21%的氧气、占空气体积0.03%的二氧化碳，剩下的就是其他气体，例如惰性气体等。

空气压力

空气的压力最早是由伽利略的学生托里拆利和维瓦尼在1644年测定的。他们测出空气的压力应相当于76厘米汞柱的高度。换算一下，即每平方厘米上的空气压力为1.03千克。

氧气 21%
氮气 78%
稀有气体 0.94%
二氧化碳 0.03%
其他气体 0.03%

大气压随地势的升高而降低，也就是山顶比山下的大气压要低

空气湿度

空气中含有水蒸气的数量叫做湿度。当气温下降时，有些水蒸气就变成了小水珠，被称为"露水"。云、薄雾、浓雾都是由在冷空气中形成和飘荡着的小水珠组成。

知识小笔记

1755年,苏格兰医生布莱克发现了空气中的二氧化碳。

早晨，不同地方的空气湿度有差异，灌木丛中的空气湿度最大，裸地的空气湿度最小

大气保卫战

臭氧层空洞、酸雨和温室效应是当今人们最关注的环境问题，它们都与大气污染有直接关系。人类保卫大气、保护环境的战斗已经打响。

空气的用途

清洁的空气可以提高人们的工作效率。很多含有二氧化碳气体的饮料可以带走身体的热量；吸尘器、滚筒式洗衣机等家用电器都要利用空气的特性；在工业中，空气可以为物体保温或者降温，可以分离有害烟尘，还可以助燃。

工厂排出的大量废气如二氧化硫，和空气中的水混合后，就变成了酸雨，酸雨不但腐蚀建筑物，伤害树木，而且会杀死河里的生物

少而不凡——稀有气体

稀有气体的熔点和沸点都很低，通常情况下，化学性质很不活泼，因此它们一般被称为"惰性气体"。稀有气体包括氦、氖、氩、氪、氙和氡6个元素。

稀有气体

稀有气体约占空气体积的0.94%，其中氩占空气中稀有气体总量的99.7%以上。氦在有些天然气中高达7%。氡为放射性元素，其所有天然同位素都具有放射性。氩、氪、氙还可与水、氢形成笼状化合物。除氦外，其他几种气体都可由液态空气分馏制取。

轻飘飘的氦

氦仅次于氢，是第二位轻气体。氦比空气轻，而且不会燃烧，比氢安全，因此人们常用它来填充气球和飞船。大气中只有少量的氦，但是某些天然气的矿床内却有相当数量的氦，这也是氦气的主要来源。

英国化学家威廉·拉姆齐最早发现了氩，接着又发现了氖、氪和氙，并于1904年因以蒸馏液态空气的方法制备了后三种气体，而获得诺贝尔化学奖。

气球

💡 "闪亮"的氙

氙极为稀少，密度是空气的4倍多，用液态空气分馏法可以生产氙。氙具有极高的发光强度，因而被用于频闪仪和高速摄影照明等需产生强而极短闪光的仪器中。氙最大的特点在于它是第一个被发现能生成真正化合物的稀有气体。

◀ 摄影照明仪器

💡 独特用途

将稀有气体充入灯泡或玻璃管内，可以阻止金属钨的蒸发；氦氖激光器可用于测量或通信；各种稀有气体在霓虹灯管中放电时可呈现不同颜色，其中氖灯射出的红光在空气中透射力很强，能穿过浓雾，可用于机场、港口航标灯。

▲ 霓虹灯管中充入稀有气体，会呈现出各种颜色

坚硬刚强——金属

人们使用的大多数金属制品都有光泽,硬度大,强度高。目前人们所知的金属大约有80种,而且大部分都可以在地壳中发现。除了少数金属是以纯物质状态存在之外,大部分金属都是与其他元素相结合,以化合物形态存在的。

金属的特性
大多数金属有可塑性,受热后的金属更容易塑形。金属既导电又导热,是良导体,这是因为金属里的电子比非金属里的电子移动得更自由。

提取金属
地壳里有大量的金属,它们通常以化合物的形式存在于岩石中,被称为矿石。矿石需要经过提纯和化学处理后,才能得到纯金属。

铁矿开采地

💡 最佳导体——铜

铜的塑性好、易加工、耐腐蚀，特别是铜的导电和导热性除了略逊于银以外，是所有金属中最好的。由于银比较昂贵，因此铜是被广泛应用的最佳导体和导热体。

💡 坚硬的铁

纯铁是一种有光泽的银白色金属，具有可塑性和延展性。它可以用来铸造农具和炼钢。铁与氯、氧、硫化合后，可以形成各种化合物。

▲ 铜线导电性很好，可大量用于制造电线、电缆等

▼ 铁矿石

💡 锻造

锻造是一种金属加工工艺。从简单的金属块到复杂的雕像等都可由锻造制出。锻造有多种成型方法，如自由锻、模锻，此外还有连续锻造，就是让熔融的金属通过冷却之后，再经轧辊压制成连续的金属带。

知 识 小 笔 记

为了照亮地球深处，在黑暗之中看到蕴藏丰富的矿产资源，科学之灯是必需的。
——门捷列夫

财富象征——贵金属

今天在人们的生活中随处都可见的铝锅、铝壶和易拉罐等铝制品，在一百多年前却是一种稀罕的贵金属。而白银和黄金这两种贵金属，到现在仍旧是财富的象征。

铝的特性

铝是一种银白色金属，其最大特点是轻盈。一块铝的重量仅为同样大小钢的1/3。铝的导电性只有铜的60%，但由于比铜轻得多，因此常被用来制作电缆。

▶电缆

▲铝制品

> **知识小笔记**
>
> 人的天职在勇于探索真理。
>
> ——哥白尼

铝的冶炼

在铝工厂里，只要将含铝的黏土、矾土和页岩等物质混匀，制成团矿，然后放到熔炉里加热，待矿石烧熔化后，再通过电解获得纯铝。

黄金首饰

黄金

金是最早发现和使用的金属之一，化学性质非常稳定，因此就被用作货币。金的另一大用途是做首饰，其实首饰并非都是用纯金做成的，因为纯金太软，容易变形，因此要用黄金与铜或银组成合金，质地就会硬一些。

银

白银

银是较软的银白色金属，广泛分布在自然界，大多以硫化物状态存在。银也曾作为货币进行流通，但其贵重程度要比黄金小。

高品质的铂金

铂金是集纯净、稀有以及多种用途于一体的金属。任何金属都不可能完全纯净，而铂金却是其中的例外。它几乎没有杂质，纯度极高，因此不会褪色或变色，能够在时间的流逝中保持光泽。

铂金戒指

晶莹剔透——晶体

当你看到水晶的时候会为它的光彩夺目、晶莹剔透而着迷,实际上它和沙子是同胞兄弟,水晶就是无色透明的石英结晶体矿物。晶体不仅好看,而且在今天的电子时代发挥着举足轻重的作用。

固体的分类

物质形态分为固体、液体和气体三个形态,而在固体里又分为晶体、非晶体和准晶体三大类。晶体有着规则的几何形状,好像大自然特意加工出来的一样。其内部原子的排列十分规整严格,比士兵的方阵还要整齐得多。

↑红宝石

晶体

晶体有三个特征:①晶体有一定的几何外形;②晶体有固定的熔点;③晶体有各向异性的特点。如果让你在玻璃、珍珠和雪花里找晶体,你能正确地找到答案吗?答案就是雪花,它是水的结晶体。

↓蓝宝石

💡 晶体的颜色

石英是二氧化硅构成的，但是同样是石英却有着不同的颜色，这是因为石英中搀杂了杂质。纯石英是透明的，称为水晶。另外还有白色、红色或黄色石英。紫色石英的颜色主要来自搀杂其中的铁。

💡 水晶

水晶、玛瑙等宝石和沙子一样都是二氧化硅构成的。当二氧化硅结晶完美时就是水晶；二氧化硅胶化脱水后就是玛瑙；二氧化硅含水的胶体凝固后就成为蛋白石；二氧化硅晶粒小于几微米时，就组成玉髓、燧石或次生石英岩。

▶ 紫水晶

知识·小笔记

1824年，一位叫弗里希·摩斯的奥地利矿物学家，从许多矿物中抽出10个品种，经过科学实验测出它们的相对硬度，由此得出水晶硬度为摩氏7。

💡 无处不在的晶体

晶体有些是熠熠生辉的，比如红宝石、蓝宝石、绿柱石等，也有些朴实无华却又非常实用，比如我们吃的盐和味精。

生活基础——有机物

在 现实生活中我们经常可以听到有机物这个名词,食物是有机物,塑料是有机物,甚至一些玻璃也是有机物。即使你不能确切地知道有机物是什么,但是你可以从生活中知道,有机物对我们很重要。

有机物是什么

有机物也叫有机化合物,在化学上是指那些含有碳氢键的分子。在有机物中,碳元素是最重要的,也是中心元素,除此以外,还有氢、氧、硫和氮等元素。许多有机物分子中都有一条长长的由碳原子连接起来的碳链。

烯烃

烯烃是一大类有机物,最简单的烯烃是乙烯。在乙烯分子里有2个碳原子和4个氢原子,碳原子之间存在一个双分子键,这样它含有更多的能量,也不太稳定。所有烯烃中都含有这样的分子键。

知识小笔记

酒精也是一种有机物,具有强烈的挥发性,所以我们能闻到它的气味。

▲ 合成药物也属于有机物

氢

碳

炔烃

最简单的炔烃是乙炔,乙炔分子中含有 2 个碳原子和 2 个氢原子。乙炔很容易燃烧,而且是一种有毒的气体。

◂ 乙烯分子图

葡萄糖

葡萄糖也是一种有机物,它含有 6 个碳原子、12 个氢原子和 6 个氧原子,它能与氧气发生反应降解,释放能量,是生物体内主要的能量来源,也是非常重要的营养物质。

尿素

尿素是有机化学史上一个重要的发明,人工合成尿素打破了无机物和有机物之间的壁垒,用有力的事实证明了有机物可以从无机物转化而来。

▸尿素通常被用作植物的氮肥

逐渐变化——化学反应

化学反应是把原来的物质分解,然后将分解的物质组成新的物质的过程。生活中的燃烧也是一种化学反应,它是因为可燃物跟氧气反应,释放出了热量。

💡 发酵

面团必须发酵才能制作面包或者馒头,而这个发酵过程其实就是利用面粉中的糖分与其他营养物质,在适宜的生长条件下繁殖产生大量的二氧化碳气体,使面团膨胀成海绵状结构。

▲ 葡萄酒是经过发酵制成的

1661年罗伯特·玻义尔就指出,一切设想都得经过实验检验才能判定其正确性。

💡 反应速度

反应依据不同的物品和环境,速度也不一样,爆炸产生的反应速度可快到以秒计算,而塑料袋降解的反应却可能要持续几十年甚至几百年的时间。反应速度不是一成不变的,它会根据随时改变的条件而改变。

催化剂

化学反应中，有一种参与反应并加快反应速度但是在反应前后没有任何变化的物质，它就是催化剂。比如，在糖表面撒上烟灰，糖可以燃烧，这是因为烟灰可以改变蔗糖燃烧的反应速度，降低蔗糖的燃点。

燃烧是一种放热反应

温度与反应

温度越高，大多数反应越快。这是因为参与反应的粒子在温度增高下有更多的能量，运动得更快。如果温度降低，分子运动就慢了，反应也就慢。因此，在冰箱里的食物通常比在正常室温里保存得更久一些。

吸热反应

运动员受伤后，常常使用的冷敷方法就是一种吸热反应。它通过破坏旧化学键所消耗的热量大于构成新键所需的热量，来达到止痛的效果。冰雪融化的时候也会产生吸热反应，融化的同时降低周围温度，所以我们常说的下雪不冷化雪冷，就是这个道理。

下雪比化雪温度会高一些

氧化反应——燃烧

传 说宙斯夺去了人间象征文明的火,巨人普罗米修斯却偷到了火种并带给了人类。当火焰燃烧起来的时候,熟悉希腊神话的人们就会想到这个为人类盗取火种的英雄。但传说毕竟是传说,火的燃烧究竟是怎么产生的,还是让我们来看看科学家的解释。

钻木取火

一些物质有自己的燃点,比如火绒和木头。当温度达到这个物质的燃点时,这个物质就会燃烧起火。古人利用摩擦生热,在用工具钻木头的摩擦中迅速产生高温,火绒最先达到燃点,然后木头也达到燃点,此时木头就开始燃烧。这就是古人的钻木取火。

知识小笔记

1897 年,英国物理学家克鲁克斯提出了除气态、固态和液态以外的第四种形态——等离子态的概念。火就是介于气态、固态和液态以外的等离子态。

温度达到一定燃点就会燃烧

光能转化的热能

光可以点燃一些易燃物，有些森林火灾就是在阳光长期暴晒下，温度过高引起的。我们用放大镜将阳光聚集在一点的时候，会发现这个点非常地亮，而且温度很高，当光线足够强的时候，就可以点燃光点下的干燥木材。

氧化反应

燃烧实际上就是一个氧化反应。汽车内燃机内，汽油燃烧释放出了汽车需要的热量。氧气和汽油结合的化学反应生成了一个放热反应，提供了汽车运行所需要的能量。

▶燃烧会产生热能，可以用来取暖

灭火

要熄灭燃烧的酒精灯不能像吹蜡烛一样，只要将酒精灯盖上，火就会熄灭。这是由于盖上盖子后酒精灯失去了燃烧需要的氧气。同样，用灭火器和沙土等也可以起到阻隔氧气的作用，达到灭火的目的。

↑ 灭火

剧烈反应——爆炸

爆炸是一种剧烈的反应,当发生爆炸的时候,我们可以听到巨大的响声,有的还伴有猛烈燃烧,并使附近的人感到灼热。爆炸的性质和威力不同,所造成的后果也不一样。

膨胀性爆炸

膨胀性爆炸的威力一般不大,比如一个气球因为充了太多的气体而膨胀爆炸,它一般只是制造刺耳的响声,并没有其他更猛烈的爆炸现象。膨胀性爆炸属于物理爆炸范围。

化学爆炸

化学爆炸通常是剧烈的化学反应引起的,比如可燃物在空气中猛烈燃烧。化学爆炸通常伴有燃烧、强烈的发热和发光现象,会伤害人体和其他物体,威力非常巨大。

知识小笔记

1937年5月6日,"兴登堡"号飞艇在一场灾难性氢爆炸事故中被大火焚毁,97名乘客和23名乘务人员死亡。

▼ 化学爆炸

放电爆炸

　　静电释放也会导致爆炸，但是我们日常生活中所遇到的静电爆炸都非常有限，更剧烈的放电爆炸发生在天空中。当云层之间有强烈的放电现象时，雷电周围的空气会被急剧加热，进而膨胀扩张，制造巨大的响声，并伴有强烈的发光和发热现象。

核爆炸

　　核爆炸是威力最巨大的爆炸类型，它利用大量原子进行核反应，在极短的时间里释放大量能量，制造剧烈爆炸。核爆炸不需要空气，它可以在任何地方爆炸，一个像菠萝那么大的核原料就可以毁灭一个中等城市。

↑静电的施放

↑核爆炸产生的蘑菇云

冲击波

　　爆炸都会产生冲击波，冲击波的强度和爆炸的威力成正比。我们经常会看到离爆炸点很远的建筑玻璃被震碎，这就是冲击波造成的。

酸酸苦苦——酸和碱

柠 檬的味道是酸的,因为它含有柠檬酸,醋之所以酸是因为它含有乙酸。很多酸有腐蚀性,如果想要减除酸的威力,除了稀释它以外就是加入碱了。因为碱可以中和酸,此外在工业和食品上都会经常用到碱,我们在做馒头和面包的时候就会用到食用碱。

强酸

硝酸和硫酸这类酸属于强酸。它们的分子在水中完全电离为氢离子和其他离子。我们可以通过像给橙汁对水稀释一样,将强酸用水稀释。这样,溶液中氢离子的浓度减少了,也就降低了酸度。

弱酸

有些酸,比如橘子、柠檬中的酸就是弱酸。这些弱酸如果溶于水中,只有很少量的分子会电离出氢离子。你可以用减少水浓缩或增加水稀释的方法制备弱酸的浓溶液或稀溶液。

→柠檬里面含有柠檬酸

知识小笔记

瑞典的科学家阿伦尼乌斯因研究电解作用而赢得1903年诺贝尔化学奖。他不但提出溶液中的化合物能电解成离子的观念,而且说明了水溶液的酸性强度是由其中的氢离子浓度决定的。

碱

碱在生活中很常见，发酵粉、消化药片、粉笔或者我们的唾液中都存在碱。有些碱和强酸一样危险，如果沾在皮肤上也会造成一定的灼伤。所有碱溶解于水后都会形成氢氧根离子，碱和酸反应以后，就能生成中性物质。

中和作用

如果你被蜜蜂蜇了，你会感到很痛，这是因为蜜蜂蜇刺中带有碱，这些碱在你皮肤中反应使你感觉痛。如果此时你在伤口上涂上醋或者柠檬汁就会中和这些碱，减轻疼痛。

粉笔

pH 和 pH 试纸

pH，亦称氢离子浓度指数，是溶液中氢离子活度的一种标度，也就是通常意义上溶液酸碱程度的衡量标准。测量 pH 时使用 pH 试纸，用玻璃棒蘸一点待测溶液滴到试纸上，然后根据试纸的颜色变化并对照比色卡就可以得到溶液的 pH。

蜜蜂蜇人

pH 试纸

最常见的物质——盐

酸 和碱经过中和作用形成的化合物就是盐。盐的种类也很多,形式上可分为正盐、酸式盐和碱式盐。而我们生活中用到的食盐就是其中一种。

盐的生成

酸和碱在一起可以产生中和反应,同时会生成盐。如果将黑色的氧化铜与稀硫酸混合加热,一种蓝色的溶液就会产生。如果继续加热沸腾,溶液中的水就会蒸发,慢慢地沉淀出蓝色的盐晶体——硫酸铜,这就是盐的一种。

离子

各种盐都由离子构成,所以盐才能在水中溶化,并使盐溶液导电。例如食盐是由钠离子和氯离子构成的。

知识小笔记

天才就是这样,终生努力,便成天才。
——门捷列夫

海边提取食盐

食盐

天然的盐

很多矿石和矿物质都是由盐构成的，包括石灰石（碳酸钙）、石膏（硫酸钙）以及萤石（氟化钙）等。在正常条件下，所有的盐都会形成美丽的晶体。

盐的家族

我们吃的食盐只是盐的一种，学名为氯化钠。在生活中，还有很多盐我们见过但是却不知道它们的真实身份。盐是普通而且非常有用的化学品，熟石膏、火药、颜料、杀虫剂中都含有不同的盐。

人体内的盐

当人的身体出汗时，体内的盐会随之失去。盐对身体健康运转至关重要，出汗可能导致脱水和虚脱。这就是为什么医生嘱咐到热带地区去的人要携带盐片的缘故，这样可以补充因出汗而失去的盐。

运动出汗后，体内的盐就会通过汗液排出来

去除疼痛——麻醉剂

十九世纪以前，欧洲的人们如果要实施手术就必须忍受强烈的疼痛。即使很简单的拔牙对他们来说也是相当痛苦的，因为当时没有麻醉剂。

拔牙

知识小笔记

中国三国时期有一个神医华佗，可以用自己配置的麻药让病人在不知不觉中完成手术，他因此成了世界上第一个敢做腹腔手术的人。

笑气

1799年，英国化学家汉弗莱·戴维发现一种气体对神经具有奇异的作用，吸入少量就会大笑不止，以至于最后进入昏昏欲睡的状态。所以戴维给它起名叫"笑气"。

笑气拔牙

笑气被发现后，英国牙科医生韦尔斯吸入足够的笑气以后，请助手拔掉了自己的一颗牙，果然没有觉得疼痛。此后，韦尔斯用笑气作为麻醉剂，成功地为不少患者做了手术。

酒的麻醉

我们常见的食用酒类商品中含有酒精。酒精对人的神经具有一定的麻痹作用，因此过多摄入会使饮用者的神经麻痹，失去知觉。酒精还有另外一个作用，就是用于生产麻醉剂——乙醚。

第一次麻醉手术

1846 年 10 月 16 日，美国医生莫顿在马萨诸塞综合医院里，当着众多医生和医学院学生的面，为病人吉尔伯特·阿博成功地做了肿瘤切除手术。在乙醚的作用下，莫顿为大家展示了完美的 8 分钟手术时间。

各种酒类所含的酒精具有一定的麻醉作用

现代麻醉

如今麻醉剂已经花样繁多，虽然以乙醚为主，但是其他类型的麻醉剂也开始应运而生。局部麻醉更多地应用在小型手术中，电脑控制的麻醉机也开始广泛应用。

医生正在给病人进行部分麻醉准备做小型的手术

生活必需物——高分子化合物

高 分子化合物是化学世界中的巨人，它由上千个原子链接而成。不仅是人，就连大自然也在利用这种高分子的特性。

💡 纤维素

纤维素是一种常见的高分子化合物，它的相对分子质量高达上百万。天然的纤维素存在于植物的细胞壁里，是保护植物细胞的物质。

▲ 以合成纤维为材料的被褥

🔥 橡胶

橡胶是另外一种天然高分子化合物，它的一个分子由成百上千个简单有机物分子组成。它弹性非常好，而且耐磨、耐腐蚀，在现实生活中有很大用途，比如汽车轮胎。

◀ 轮胎是在各种车辆或机械上装配的接地滚动的圆环形弹性橡胶制品

知识小笔记

在历史上，尼龙是第一种人工合成纤维。

小麦里面含有淀粉

淀粉

淀粉也是一种自然界中存在的高分子化合物，它是由葡萄糖分子聚合而成的，是我们主要的能量来源。我们所吃的食物中大多含有淀粉。

聚乙烯

聚乙烯是人工合成的最简单的高分子化合物，我们日常生活中使用的许多塑料产品都是以聚乙烯为原料制造的。

腈纶

腈纶就是聚丙烯腈，它是一种人工合成的纤维，材质柔软、轻盈、保暖和耐腐蚀，因此在纺织和制造领域有十分广泛的用途。腈纶还具有很好的着色性，能够被染成多种颜色。

以聚乙烯为原料制造的塑料玩具

缤纷绚烂——陶瓷

矿 石在烈火中煅烧,可以炼成钢铁。泥土在火焰中燃烧会产生什么? 多数人会回答是砖,其实泥土在更早的时期主要是烧制陶器和瓷器。人们在劳动中学会了制作陶器,为生产生活带来了方便,陶瓷技术也成为人类历史上的重大发明。

陶器

陶器是用黏土捏制成型晾干后,用火烧出来的,是泥与火的结晶。从河北省阳原县泥河湾地区发现的旧石器时代晚期的陶片来看,中国陶器的产生距今已有11 700多年的悠久历史。

知识小笔记

陶器的烧制温度在600～900℃,而瓷器的烧制温度在1 200℃左右。

▼ 陶器的制作

瓷器

瓷器是中国劳动人民对世界文化的重大贡献。在公元前 16 世纪的商代，中国就出现了早期的瓷器。但是瓷器原料与陶器不同，瓷器烧制原料是富含石英和绢云母等矿物质的瓷石、瓷土或高岭土，烧制温度也高于陶器。

唐三彩

唐三彩是一种盛行于唐代的陶器，以黄、褐、绿为基本釉色（有时也会有天蓝、褐红、茄紫等颜色），后来人们习惯地把这类陶器称为"唐三彩"。常见的出土唐三彩陶器有三彩马、骆驼、仕女、乐伎俑、枕头等。

生活中瓷器无处不见，酒店用品、家居用品、有价值的收藏品、作为陈设配饰的摆件品。一件造型独特的瓷摆件，既有装饰作用，更是一件艺术品

彩色陶瓷

色彩鲜艳的物品总是受到人们的喜爱，陶瓷制品也是一样，但并不是所有的陶瓷制品都是越鲜艳越好。色彩鲜艳的陶瓷含有的金属添加剂多，做餐具的话，还是选择素淡一些的陶瓷更健康和安全。

金属陶瓷

人们将一些金属细粉放入黏土里烧制出的金属陶瓷，能够抵挡 5 000℃的高温。金属陶瓷不仅用在了火箭的外壳上，还可以用来切割金属。

彩色陶瓷

色彩斑斓——染料和颜料

大 自然的色彩斑斓使得人类天生具有对色彩的爱好,因此人类用染料和颜料来渲染自己多彩的生活空间。从衣着、饰品到汽车、建筑,处处都有颜料和染料的身影,这些染色品已经成为了我们生活中不可缺少的用品。

✦ 染料

💡 染料

染料是能够溶解于水的染色剂,能进入纤维的每一个角落和缝隙,并通过化学反应与织物纤维紧密结合。

◀ 蓼蓝亦称为蓝或靛青,是一种一年生的蓼科草本植物,也是植物染料

💡 染料的分类

染料分为天然染料和合成染料两大类。天然染料分植物染料,如茜素、靛蓝等;动物染料,如胭脂虫等。合成染料又称人造染料,主要从煤焦油分馏出来(或石油加工)经化学加工而成,俗称"煤焦油染料"。

天然染料与合成染料

天然染料与生态环境的相容性好，可生物降解，而且毒性较低，生产这些染料的原料属于可再生资源。而合成染料的原料是石油和煤炭，这些资源不可再生，消耗快。因此，开发天然染料有利于保护自然资源和生态环境。

▲ 油画颜料是用油稀释颜料

颜料

颜料是可以使物体被染上颜色的物质。它具有可溶性和不可溶性的区别，也有无机和有机的区别。颜料的使用从远古时期就开始了，当时人们尝试用磨碎的彩色贝壳来作颜料绘画。

▸ 颜料块

油漆

油漆靠颜料着色，但它需要一种溶剂使油漆易于流动，还需要一种被称作黏合剂的化学物品使颜料固定到位。油漆中使用的溶剂一般为香蕉水，它易挥发，有强烈气味。

▸油漆

大楼的基础——建筑材料

自从人类学会了建筑房屋、桥梁、道路等，所使用的建筑材料都是根据居住地的气候、可利用的资源以及生活方式决定的。随着科学技术不断地发展，建筑材料也相应地发生了变化，从最早的天然材料石块、木头，渐渐发展到方砖、水泥等。

土坯和砖

土坯房是在砖成为普通建材前中国北方农村的主体房舍。制作土坯的方法有很多种，最常见的就是将泥放入模子中压实，形成土坯。将土坯放在窑里烧制而成的建材就是砖。

知识小笔记

悉尼歌剧院的贝壳外形是由混凝土构架建成的。

混凝土

混凝土是用石灰与沙子、沙砾和小石头混合制成的。在混合物里加水后，就变成厚重的浆并且会慢慢地凝固。混凝土作为建材的优点很多，它便宜、耐用、耐压、耐水、耐火，还具有可塑性，而且原材料也随处可见。

施工中的混凝土建筑

水泥

建筑用的水泥是用石灰石粉和化学材料混合制成的一种黏合剂。它是重要的建筑材料，用水泥制成的砂浆或混凝土，坚固耐久，广泛用于土木建筑、水利、国防等工程。

金属建材

金属建材在现代建筑中是必不可少的，如铁可用于制造钢筋混凝土。现代住宅中，铁、锌、铝成为输水管道的理想材料，而铜则广泛应用于输电线路和热水管道。

→水泥

● 铜

◀ 早期时收音机用的喇叭主要用铜制成

▼ 塑料

特殊的现代建材

在现代建材中，塑料也占有着重要的一席之地，尤其在制造排污管道上，塑料得到了普遍使用。此外，塑料还是重要的隔热和防水材料。因此在建筑业上应用十分广泛。

生命科学

　　对于地球来说，生物是宇宙给它的馈赠。正是因为生物的存在，使得这颗蓝色的星球充满了活力与生机。人类作为生物中的智慧群体，对于生物发展、进化、变异等思考从来都没有停止过。

万物根本——生命的起源

生命的起源一直都是科学家研究的课题,现在人们普遍认为生命起源于海洋。历史上对这个问题也存在着诸多的假设和猜测,并伴随着很多争议。不过随着科学的发展,人们对生命起源的问题有了更合理和深入的研究。

▲ 女娲造人

神造说

神造说认为地球上的各种生物都是由神创造出来的。这个假说是在科学产生以前,由于人类对世界认识的不充足而提出的。不过从这个假说也能够看出人类早期对生命的探知和思考。

自然发生说

自然发生说又被称为"自生论",认为生物可以随时由非生物产生,或者由另一些截然不同的物体产生。中世纪时就有人认为,树叶落入水中变成鱼,落在地上则变成鸟。

知识小笔记

我在科学方面所作出的任何成绩,都只是由于长期思索、忍耐和勤奋而获得的。
——达尔文

原始海洋中的生命迹象

化学起源说

化学起源说是被广大学者普遍接受的生命起源假说。这一假说认为，地球上的生命是在地球温度逐步下降以后，在极其漫长的时间内，由非生命物质经过极其复杂的化学过程，一步一步地演变而成的。

宇宙生命论

宇宙生命论认为地球上最初的生物来自别的星球或宇宙的"胚种"，它们可以通过光压或陨石而到达地球。这种假说在19世纪时曾经很流行，至今还有少数科学家在坚持。

生源论

生源论认为生物不能自然发生，只能由其亲代产生。17世纪意大利医生雷迪首先用实验证明腐肉不能自然生蛆，蛆是苍蝇产卵后孵化出来的。不过生源论并没有回答最初的生命是怎样形成的。

有些人认为生命产生于彗星，在彗星或陨石撞击地球时，这些有机分子经过一系列的合成而产生新的生命

分门别类——生物分类

自然万物大致可分为有生命物质和无生命物质,我们将那些有生命的物质叫做生物。随着科学的发展,科学家开始了一次重新的划分,将生物界按照特点重新划分成了五大部分:真菌界、植物界、动物界、原核生物界和原生生物界。

真菌界

真菌界的生物靠吸收其他生物所产生的物质为生。有些真菌很微小,如用于面粉发酵的酵母菌;有些真菌被我们当作食物,比如冬菇、草菇、木耳、云耳等。

生物分类示意图

植物界

植物界的生物通常都会利用光合作用获取阳光中的能量制造养料。植物界的成员不仅生活在陆地,有些也生活在海洋里,比如海莲、红树、海带等。

知识小笔记

18世纪,瑞典植物学家林奈发明了一套生物命名及分类的方法。

动物界

动物是生物界中的一大类。动物一般不能将无机物合成有机物，只能以有机物为食物，例如植物、动物或微生物。动物具有与植物不同的形态结构和生理功能，以进行摄食、消化、吸收、呼吸、循环、排泄、感觉、运动和繁殖等生命活动。

▲ 显微镜下的细菌

原核生物和原生生物

原核生物是单细胞生物，以细菌和蓝藻为主。这些生物细胞简单，只有原始的细胞核区，而较高级的生物都具有含真核的细胞。原生生物界由含有真核的单个细胞的生物组成。

▲ 正在吃东西的海鹦

微生物

微生物是包括细菌、病毒、真菌以及一些小型的原生动物等在内的一大类生物群体，它个体微小，多数微生物都无法被肉眼识别，但是却与人类生活密切相关。

生物基础——细胞

细胞是构成生物体的基本单位。每个细胞都像一个微型工厂一样，在这座工厂里，数以千计的化学反应在精心的控制下进行。

不同细胞的不同机能

不论是动物还是植物，每种细胞都有自己特定的工作。脂肪细胞存储脂肪，神经细胞游走于各部分传递信息，红血球输送氧气，白细胞是健康的卫士。

红细胞

红细胞只能存活大约 120 天，但它却要在人体中来回往返 160 千米，相当于自己"身长"的 200 多亿倍。如果让一个身高 160 厘米的人走出自己身高 200 多亿倍的距离，相当于让他绕地球行走 800 多圈。

知识小笔记

1665 年，英国科学家胡克用自己制造的显微镜来观察植物薄片，发现一种盒状结构，并将它命名为"细胞"。

血细胞流经动脉

细胞核

细胞核是细胞的指挥中心。它内部有脱氧核糖核酸分子，控制着整个细胞的活动。脱氧核糖核酸会以很长的双链结构向外伸展，它也是控制遗传的主要因素。

◀ 显微镜下的分裂期细胞

动物细胞

动物细胞内包含了很多液体，像一只又湿又软的小口袋。细胞外围包围着一层薄而具有弹性的透明细胞膜。细胞的中央有细胞核，细胞核控制着细胞内的一切活动。包围细胞核的液体称作细胞质。在细胞质内还有很多细胞器，它们都有各自的职能。

植物细胞

植物细胞和动物细胞不同，它们的细胞壁很厚，包围在细胞膜外面。植物细胞含有一种叫叶绿体的细胞器，植物的绿色就是来自这个叶绿体。大多数植物细胞都有很大的液泡，液泡是细胞的储藏室。

▲ 动物细胞

▲ 三维绿色植物细胞

人体支架——骨骼和关节

骨 骼是人体的支架，支撑着人的整个身体。人的体内共有206块骨头，它们大小不一，各有各的功能。骨骼与骨骼通过关节连接，在肌肉的作用下自由运动。

💡 骨和骨髓

骨是由骨膜、骨质和骨髓3部分组成的。骨髓是骨内部空腔内的一类造血物质，它有两种成分：一种是呈红色的红骨髓，另一种是呈黄色的黄骨髓。红骨髓上布满了各种造血细胞，所以婴儿和儿童的骨中会有大量的红骨髓，以满足他们的生长需要。

→ 脊柱

知 识 小 笔 记

人造关节用的材料是不被人体细胞组织排斥的金属、陶瓷或塑料等。

● 脊椎骨

● 骶骨

● 尾脊骨

● 椎间盘

颅骨

关节

人体骨骼结构图

脊柱

在人体内最重要的中心支撑骨骼是脊柱，成人脊柱由 26 块椎骨构成。每块椎骨的中心都有一个孔，这些孔构成一个管道，骨髓在其中穿行。

颅骨

颅骨是保护脑和感觉器官的骨骼，它由 23 块骨组成。但颅骨通常看上去像一个完整的骨骼，这是因为骨与骨之间被关节紧紧地连在了一起。

关节

所有的运动都离不开关节的作用，它将骨与骨之间紧密地连接起来，这些相连的地方都是人体比较特殊的部分。在肌肉带动下，骨向不同的方向伸展运动。

骨髓

骨髓在关节中的位置

起起伏伏——呼吸系统

从生下来的第一声啼哭到生命的终结，呼吸一直伴随着我们。不同的生物有不同的呼吸方式，人类主要靠肺呼吸，鱼靠鳃呼吸，鸟类甚至还有用于呼吸的气囊。

呼气和吸气

肺在吸气的时候会扩充，因为它们借着体液紧贴在胸壁内面，所以可随着胸壁起伏而胀缩。呼气时，横膈和肋间肌会放松，肺就像是泄气的气球般恢复原状，同时排出空气。

知识小笔记

鸟类的呼吸系统十分特殊，表现在具有非常发达的气囊系统与肺气管相连通。

喉

会厌软骨

气管

右肺

食道,食物经此入胃

软骨环可以防止呼吸时气管塌陷

左肺

▶人的呼吸过程包括三个互相联系的环节：外呼吸，包括肺通气和肺换气；气体在血液中的运输；内呼吸，指组织细胞与血液间的气体交换

支气管树

我们的肺里密布着支气管组成的树状空气通道。首先,气管分支成两条支气管,进入左右肺。之后,每条支气管继续分支,次数高达 15 或 20 次,形成数千条细微的小支气管,最小的甚至比头发丝还要细。

昆虫的呼吸

昆虫通过气管网进行呼吸。这些气管贯穿身体的各个组织,并分成支管。支管很细微,穿过肌肉将昆虫体表通向外界的气孔和用来呼吸的气囊联系起来。

▲ 支气管组成的树状空气通道

肺活量

在我们体检的时候通常会有肺活量这个项目,肺活量是反映肺在一次呼吸活动中最大的通气能力。一个人肺活量的大小和年龄、性别、身材、健康状况等因素有关。成年人的肺活量为 2 500 ~ 4 000 毫升。

▲ 经常运动的人肺活量都比较高

人体司令部——大脑

<big>大</big>脑是我们最重要的器官,也是最神奇的器官。它决定了一个人的思考能力。除了勤奋以外,大脑的发育状况也会决定一个人是否会成为某个领域的天才。

认识大脑

人的大脑由 140 亿 ~ 160 亿个细胞构成,成人大脑平均重量约为 1 500 克,大脑皮层厚度为 2 ~ 3 毫米,总面积约为 2 200 平方厘米。

大脑的功能

大脑分为左右两个半球,分别管理着人体不同部位。小脑负责人体的动作和协调性,脑干控制血液循环系统、呼吸系统等。

↑ 大脑

↑ 目前,人类对大脑的认识还并不完全

💡 脑皮层

大脑皮层是脑部最重要的部分，几乎所有的信息都会传递到那里，等它作出判断后，再向身体各个部位传递信息。

知识小笔记

智商的计算方程式为：
智商=(智力年龄/测验时的实际年龄)×100。

◀ 半岁大的小宝宝

💡 脑细胞

当人类还是胎儿时，平均每分钟需要生长出250万个神经细胞，但是在出生后，脑细胞就不再增加了。出生的时候大脑一般是350克，1岁的时候达到1 000克，到了成年就会有约 1 500克。重量增加不是神经细胞增加，而是神经细胞变大了。

💡 梦与睡眠

睡眠是为了获得足够的精神和体力，梦就是在这个过程中产生的。关于梦一直让人们很迷惑，不过很多科学家都认为梦是部分脑细胞没有休息引起的。

➡ 人们常说"日有所思，夜有所梦"，小孩子晚上做梦会梦到好吃的或好玩的

人体动力——心脏

心脏是人体中最重要的器官之一。大脑在睡眠时可以得到休息，肺和肾虽然不停地工作，但其内部可以轮班休息，肠胃在不消化时也可以暂停工作，而心脏却不能。可以说，心脏是人体中最为辛苦的器官。

心脏不停地跳，为血液循环提供动力

心脏的结构

心脏的外形像一个桃子，大小与成人的拳头差不多。心脏内部从中间分开，形成左右两个部分，而左右两侧又各分出上下两个部分，上方的叫心房，下方的叫心室。同侧的心房和心室之间有一侧膜把它们隔开，叫瓣膜。

知识小笔记

许多心脏疾病可引起心瓣膜的严重狭窄或关闭不全，从而导致心力衰竭。治疗这类疾病的方法是给心脏换上新的人工瓣膜。

心脏的运转

心脏每次跳动的具体过程可分为两个步骤：首先，心脏舒张，内部充满血液，这是心舒张期；然后，心脏收缩，血液被挤进动脉，这是心收缩期。

医生通过听诊器来检测患者的心脏，然后做出正确的诊断

心脏病的成因

当心脏不能发挥它的正常功能，不能保持正常节律时，便会引发心脏病。心脏病常由血凝块阻塞冠状动脉引起，这时心肌细胞会因为缺氧而死亡。虽然心脏病能致人死亡，但许多此类患者经过治疗也可恢复健康。

脉搏的产生

心脏有规律的一张一缩的搏动，会像波浪一样沿着动脉向远处传播，这种有节奏的动脉搏动，被称为脉搏。你用手指按在自己的手腕外侧，就会感觉到自己的脉搏。

心跳加速

心跳加速是人们遇到压力时的一种生理反应。如果心跳加速是因为运动而引起的，身体就能正确地适应。如果心跳加速，而我们却没有加大运动量以适应这种反应，就会对我们的身体造成伤害。

心电图

人体循环——血液和消化系统

血 液通过遍布人体的大小血管昼夜不停地流动,忙碌于运输氧气、二氧化碳、营养素和废弃物等。人体中的血液约占人体重量的 1/12,主要成分是血浆以及血浆中漂浮的血细胞。

💡 血液的循环

血液中的很多成分来自骨髓干细胞,在心脏这个不停息的生命之泵作用下在人体中循环。当我们运动的时候,心跳会加速,血液流动加快。这样,我们就会感觉到热。人体依靠血液流动运输热量,同时还依靠血液循环达到生命循环。

💡 白细胞和血小板

白细胞就好像血液中的卫士,负责预防和抵抗病毒入侵。血小板就好像血液中的医生,在血管出现破损的时候,它们会收缩血管形成止血栓,促进伤口血液凝固,达到止血功能。

白细胞

人体红细胞与白细胞示意图

肝脏

胃

胰腺

大肠

胆囊

阑尾

小肠

直肠

人体消化系统器官示意图

消化系统

人体摄取的能量物质经过消化道和消化腺后变成了人体本身的能量。消化系统像一个食品加工厂，有序地补充着生命体的能量需求。

吃东西要尽量避免狼吞虎咽

口腔

口腔是食物进入人体的第一关。坚硬和完整的食物不利于消化,在口腔中,它们会被牙齿磨碎,切成小块。口腔里的腺体分泌唾液,将食物化成糜状进入下一步消化。

胃

胃是人体内重要的消化器官之一,上接食道,下接十二指肠,形状像一个大口袋。内壁是相当厚实的肌肉,通过收缩来进一步碾碎食物。同时,胃里面分泌的胃液能使胃里的食物更加柔软,变得更加适合于消化吸收。

知识小笔记

人体有 20 多种血型,最基本的血型是 A 型、B 型、AB 型和 O 型。

食物团经咽、食管进入胃。经胃壁肌肉机械性地运动和胃液的化学性消化后,变成了半流质状的食糜,经幽门将食物推向十二指肠

缺一不可——内分泌和生殖系统

内分泌是人体的控制系统，它能分泌各种各样的激素，让身体正常发育和运作。激素通过血液循环输送至全身，对人体各种器官的活动进行调节和控制。

甲状软骨

甲状腺

颈动脉

甲状腺

颈静脉

▲ 甲状腺示意图

内分泌腺

人体的主要内分泌腺包括脑垂体腺、甲状腺、甲状旁腺、肾上腺、胰腺和性腺。内分泌腺的分泌物均由腺细胞释放并渗入血液或淋巴，以此来传遍全身，达到控制和调节的作用。

知识小笔记

脾能过滤血液，除去衰老的细胞，平时就作为一个血库储备多余的血液。

激素

激素对人体的细胞功能具有重大影响，它除了调节人体的发育、消化、新陈代谢等生长过程外，还会影响第二性征的发展，并主宰人体的行为。激素由内分泌腺分泌，以刺激或调节其他细胞的活动。

男性生殖系统

男性内生殖器包括睾丸、附睾、输精管、射精管、前列腺、精囊腺和尿道球腺等。睾丸是男性生殖腺，左右各一，呈卵圆形，位于阴囊内，是产生雄性精子的器官，也是产生雄性激素的主要内分泌腺。

- 输尿管
- 膀胱
- 输精管
- 阴茎
- 精囊
- 前列腺
- 尿道球腺
- 附睾
- 睾丸

▲ 男性尿道结构图

- 输卵管
- 子宫
- 卵巢
- 阴道
- 膀胱
- 阴蒂脚
- 前庭球
- 尿道外口
- 前庭外口
- 阴道口
- 阴蒂
- 小阴唇

▲ 女性尿道结构图

女性生殖系统

女性内生殖器由卵巢、输卵管、子宫和阴道等部分组成。卵巢，左右各一，位于盆腔内子宫的两侧，为椭圆形结构。它的功能是产生成熟的卵子和分泌雌性激素。一般来说，女性在 13 岁左右，就开始产生卵子。

受精

当男性的精子与女性的卵子相遇时，就会发生受精。如果卵子受精，它的外膜就会膨胀成一层胶状屏障来阻止其他精子进入，受精卵就会到达子宫，并开始分裂。

微小的恐怖——细菌和病毒

细 菌是地球上散布最广的生物。在空气中、大地上、海洋里,植物、动物,甚至我们的身体里都存在着细菌。病毒和细菌不一样,科学家认为病毒构造简单,不能独立存活,病毒自己不能完成新陈代谢,也不能完成繁殖,需要寄生在其他细胞内完成。

▲ 显微镜下的细菌

细菌细胞

典型的细菌细胞要比动物细胞小 1 000 倍左右,只有用电子显微镜才能看清楚。细菌主要由细胞壁、细胞膜、细胞质、核质体等部分构成,有的细菌还有荚膜、鞭毛、菌毛等特殊结构。

知识小笔记

人的口腔里大约生活了100多种细菌,而且还有上百种真菌。

细菌的繁殖

细菌的繁殖方式比较奇特,主要是以一分为二的方式繁殖。某些细菌处于不利的环境,或耗尽营养时,形成内生孢子,又称芽孢。这些孢子即使在 500 ~ 1 000 年后仍有活力。

▲ 病毒的传播

病毒

病毒不是细胞也不是细菌，它们没有完整的细胞结构，个体微小，含有单一核酸。病毒是必须在活细胞内寄生并复制的非细胞型微生物。

病毒的传播

如果一个人感冒了,感冒病毒会使他流鼻涕。当这个人打喷嚏的时候,含有上百万个病毒的微滴散布在空气中,附近的人吸进一些这样的病毒微滴,就有被传染感冒的可能。

▲ 显微镜下的病毒

噬菌体

有一种很奇特的病毒叫做噬菌体，外形就像外星人的飞船。它通过将自己的脱氧核糖核酸注入细菌来复制其本身，空壳悬挂在细菌外部，而它们的新头部和尾部在细菌里成长为新的噬菌体。

生命信息——基因与 DNA

基因是生命体最根本的信息载体，它决定了一个生命体甚至一个物种的发展方向。我们将携带有遗传信息的 DNA 或 RNA 序列称作基因，它是控制性状的基本单位。基因通过指导蛋白质的合成来表达遗传信息，从而控制生物个体的性状。

知识小笔记

DNA 重组技术是采用人工手段将不同来源的含某种特定基因的 DNA 片段进行重组，以达到改变生物基因类型和获得特定基因产物的目的的一种高科技。

人体的基因

人的遗传性状由密码来传递。人大概有 2.5 万个基因，而每个基因是由密码来决定的。人的基因中既有相同的部分，又有不同的部分。不同的部分决定人与人的区别。人的 DNA 共有 30 亿个遗传密码，排列组成约 2.5 万个基因。

细胞、染色体和 DNA

人类和哺乳动物的性染色
体用 X 和 Y 表示

DNA

DNA 是脱氧核糖核酸的英文缩写，是染色体的主要化学成分，同时也是组成基因的材料。在繁殖过程中，父代把它们自己 DNA 的一部分复制传递到子代中，从而完成性状的传播。

基因工程

1985 年，美国科学家发起的人类基因组计划，受到世界上众多国家响应。该计划 1990 年正式启动，历时 16 年才完成。根据 DNA 可以断定两代人之间的亲缘关系，因为一个孩子总是分别从父亲和母亲身上接受一半基因物质。

基因与染色体

核酸

DNA 是由核酸单体聚合而成的聚合体。核酸的含氮碱基又可分为四类：鸟嘌呤、胸腺嘧啶、腺嘌呤和胞嘧啶。DNA 双螺旋结构模型就是根据这些碱基互补配对原则建立的。

DNA

信息科学

　　古人最早是用手指来计算的，手指不够用，还可以找些石头、果核等小东西来帮忙。这样虽然很方便，但是遇到数据大的计算就没有办法了。随着时代的发展，计算机应运而生。如今，计算机已是"飞入寻常百姓家"，不仅能够读取和存储信息，还可以对这些信息进行算术或逻辑运算，大大方便了我们的生活。

功能强大——个人计算机

计 算机是一种能够按照指令对各种数据和信息进行自动加工和处理的电子设备。通常我们所说的计算机指的是家里用的个人计算机。

计算机硬件

硬件是相对软件而言的，是电子计算机系统中所有实体部件和设备的统称。从基本结构上来讲，电脑可以分为五大部分：运算器、存储器、控制器、输入设备、输出设备等。如果说软件是书上的文字，那么硬件就是书中的纸张。

知 识 小 笔 记

世界上第一台个人电脑由 IBM 于 1981 年推出。

计算机主要设备包括：主机、显示器、键盘和鼠标

网络世界

计算机软件

软件是按照特定顺序组织的一系列计算机数据和指令的集合，它分为系统软件和应用软件。系统软件是计算机运行必不可少的数据和指令，而应用软件是我们最常用的工具，我们使用的文字处理工具、杀毒软件、游戏软件等都属于应用软件。

操作系统

操作系统是管理电脑硬件、软件资源以及数据传输的程序。它肩负着管理与配置内存、决定系统资源供需的优先次序、控制输入与输出设备、操作网络与管理文件系统等基本事务。

二进制

二进制是计算机的语言，二进制数是用"0"和"1"两个数码来表示的数。它的基数为2，进位规则是"逢二进一"，借位规则是"借一当二"。

二进制

科学的轨迹——计算机的发展

在人类与大自然的斗争中,人类逐渐创造出各种各样的工具和器械。当繁重的计算、文字和记忆工作因计算机而变得轻而易举时,每一个人都能强烈地感受到计算机那强大的功能,它们正在代替人脑进行复杂的计算工作。

世界上第一台电子计算机"埃尼阿克"

计算机的前身

要追溯计算机的发明,可以由中国古时开始说起。古时人类发明算盘去处理一些数据,利用拨弄算珠的方法,人们无需进行心算,通过固定的口诀就可以将答案计算出来。

知识小笔记

1854年,英国数学家乔治·布尔创立了布尔代数(逻辑代数),为二进制在计算机中取代十进制作出了贡献。

电子管计算机

在第二次世界大战中,美国政府支持计算机的开发,这促进了计算机的研究与发展。1946年2月14日,标志现代计算机诞生的 ENIAC(埃尼阿克)号在费城公诸于世。虽然它还比不上今天最普通的微型计算机,但在当时它是运算速度的绝对冠军,而且运算的精确度和准确度也是史无前例的。

互联网将分散的个人计算机联成了一个整体

晶体管计算机

1948 年，晶体管的发明大大促进了计算机的发展。第二代计算机体积小、速度快、功耗低、性能更稳定。它使用晶体管代替电子管，还有现代计算机的一些部件：打印机、磁带、磁盘、内存、操作系统等。

→晶体管被认为是现代历史中最伟大的发明之一，在重要性方面可以与印刷术、汽车和电话等发明相提并论

集成电路计算机

1958 年，集成电路问世，科学家使更多的元件集成到单一的半导体芯片上。于是计算机变得更小，功耗更低，速度也更快。这个时期计算机的发展还包括使用了更完善的操作系统，使得计算机在中心程序的控制下可以同时运行多种不同的程序。

↑集成电路的出现，使电子产品开始向微型化发展

大规模集成电路计算机

到了 20 世纪 80 年代，超大规模集成电路在芯片上容纳了几十万个元件，这种芯片使得计算机的体积和价格不断下降，而功能和可靠性不断增强。目前，计算机的应用已扩展到社会的各个领域。

拉近距离——互联网

当今的人们已经进入了一个网络化的社会,互联网技术正在蓬勃地发展。通过它可以存取世界各地的文件、图片、声音、动画以及数据库。互联网使不同地域、不同语言的人们实现了互通与交流。

互联网

现在使用的互联网利用通信线路,将分布在不同地方的计算机网络连接起来。计算机网络的建立,可以使只拥有小型计算机的部门通过网络使用大型计算机的资源,并利用大型计算机来处理小型计算机无法完成的工作。

知识小笔记

环球网的英文缩写为WWW(World Wide Web),是互联网络上最流行的一种交互式信息查询服务。

互联网术语

互联网有很多术语,每个人或团体在互联网上都用一个域名来代表。域名的最后部分表明相关机构的性质。例如,edu 为教育机构,com 为商业团体,而 org 为非商业机构。

登录网站,有时会输入用户名和密码才能共享网站资源

电子邮件

电子邮件是计算机网络用户之间传递信息的一种方式，用户可以身处世界任何地方，通过互联网收发电子邮件。以前，电子邮件内容仅限于文字信息，现在，人们可在邮件中附加图像、音响，甚至影视内容等。

↑ 电子邮件的发送

网页

我们平时上网浏览的一个个网站，都是由网页构成的。网页是因特网的服务系统所使用的一种图文多媒体用户界面。网页上设有许多链接点，我们可以使用各种浏览器观看网页上的内容。上网，其实就是在网页之间的浏览切换。

网络的应用

计算机网络已经广泛应用于生产过程自动化、行业经营管理、办公自动化等领域，并在电子邮政、综合业务数据网等方面进一步发挥其作用。在信息业中，最喧闹的声音来自广告商、营销商、娱乐公司以及零售商，但是更多的用户把互联网络视为实用的媒介，而不是广告营销、娱乐和购物的手段。

↑ 大型公司网络的应用示意图

特殊的病毒——计算机病毒

和人一样，计算机感染了病毒也会"生病"，失去正常工作的能力。计算机"病毒"是人为设计的能够破坏计算机系统、影响计算机工作并能实现自我复制的程序或指令代码。现在，病毒的种类已经达到了上千万种。

普通病毒

普通病毒是一种会"传染"其他程序的程序，所谓"传染"，就是通过修改其他程序来把自身或其变种复制进去完成的。很多电子邮件病毒都属此类，如著名的"爱神"病毒和"梅莉莎"病毒。

计算机蠕虫

计算机蠕虫病毒是一种通过网络的通信功能，将自身从一个节点发送到另一个节点并启动的程序。这种病毒虽然不会破坏计算机数据和硬件，但是它会不断扩散，与正常程序展开计算机运行时间的争夺战，导致计算机变得越来越慢，最后陷于瘫痪。

◂ 计算机蠕虫

知识小笔记

第一个计算机病毒发现于1981年，是一个苹果机病毒，但它不会破坏数据。

↑特洛伊木马病毒

💡 特洛伊木马

特洛伊木马能将病毒或破坏性程序传入计算机网络，而且通常是将这些恶意程序隐蔽在正常的程序之中，尤其是热门程序或游戏，一些用户下载并执行这一程序，其中的病毒便会发作。

反病毒技术

💡 逻辑炸弹

逻辑炸弹是一种当运行环境满足某种特定条件时执行其他特殊功能的程序。如一个编辑程序，平时运行得很好，但当系统时间为 13 日又为星期五时，它会删去系统中所有的文件，造成系统瘫痪。

💡 反病毒技术

反病毒技术包括预防病毒、检测病毒和杀毒等三种技术，实施对象包括文件型病毒、引导型病毒和网络病毒。

100%

WORLD
-EUROPE
-AMERICA
-ASIA
-AFRICA

新科学技术

　　随着时间不断地推进，我们已经进入了一个全新的时代。各种科学技术在不断地发展和提高，并及时地应用于我们生活的个个层面。我们生活的空间早已被各种先进科技所包围，也才有了我们虽不能飞檐走壁，却可以上天入地的神奇旅行，实现了人类亘古不变的梦想。

坚不可摧——合金

在 日常生活中,我们会见到许多合金,这些合金都是由两种以上的金属熔制而成的,它们具备了单质金属所不具备的性质,被广泛地应用于各个方面。

什么是合金

合金和单质金属不同,单质金属几乎是由一种金属元素组成的,而合金则是由两种以上的元素组成,其中一种必须是金属。在日常生活中,我们使用的合金大多是多种金属混合冶炼而成的。

钛合金

金属钛易于加工,密度小,耐腐蚀性强,因此人们把它和其他金属合起来,制成钛合金。这些钛合金性能超出钛金属本身,比如钛与铝钒的合金具有很好的耐热性能,可以在高温下工作很长时间。钛合金已广泛用于各方面,尤其是在航天领域有特殊应用。

合金

铜合金

除了青铜以外，铜合金还有许多。我们常用的是黄铜，它是铜和锌的合金，适合制造精密零件。铜和镍的合金称为白铜，它具有很好的耐腐蚀性能，常被用于在强腐蚀环境中工作的工具的零部件。

知识小笔记

磁性合金能够成为永磁体，因此在电子、计算机和自动控制领域有很大应用。

▷ 铝合金轮胎

铝合金

铝是一种质地轻柔的金属，密度较小，它的合金一般会保持这个特性，但是比纯铝坚硬。常用的铝合金有铝锰合金和铝镁合金，它们耐腐蚀性较强，常被用于制造容器和管道。其他一些铝合金在制造业中也有十分重要的地位，在实际生活中，用铝合金制作的门窗也美观大方，受人喜欢。

▷ 铜合金

信息基础——电子元件

电子科学是在 19 世纪末期以后发展起来的,它是现代信息技术的基础。借助电子元件的特性,信息得以在世界范围内传播,使人类社会进入信息时代。

电子管

电子管就是微型阴极射线管,在电子管内部两端分别连接了电源正极和负极。电子管两极间有强大的电场,通电时它可以将电流信号放大,在早期的电视机和收音机中就可以见到电子管。

▶电子管

▼半导体

半导体

半导体也是一种能导电的物质,它的导电性能比导体差,比绝缘体好,因此被称为半导体。半导体内可导电的介质稀少,且变化剧烈,因此有许多特殊的电学特性,在现代电子技术中有大量的应用。

知识小笔记

有一些半导体在受热的时候,内部会产生电信号,它们和传导元件组合在一起,就成为温度传感器。

二极管

二极管也是一种半导体材料，它只有两个电极，一个正极，一个负极。二极管只允许电流向一个方向流动，即只能从正极流向负极。有一些二极管在传导电流时还可以发光，称为发光二极管。二极管在电子技术中的用途非常广泛。

晶体管

晶体管是一种半导体器件，它的全称是半导体三极管。晶体管有三个电极，它可以放大电信号，能实现自动开关的作用，因此应用非常广泛。

二极管

电容

电容由两个分离的板面组成，这两个板面分别连接着正极和负极，当供电的时候，电容的正极板面接受电流，并把这些电流暂时积累起来，供电结束以后，电容又把积累的电荷释放出来。电容的这种性质使它成为电路中不可缺少的电子元件。

现代社会中计算机的身影无处不在

威力十足——核技术

二十世纪以前,科学家们认为元素是永恒不变的,但是随着放射性元素的发现,科学家们的观念改变了,并且能够利用原子核理论人为地改变元素,改变了人类历史的发展方向。

核燃料

在核能利用中,把能发生裂变和聚变反应的材料称作核燃料。由于核反应分为核裂变和核聚变,所以核燃料又分为裂变核燃料和聚变核燃料。

核聚变

核聚变是两个或两个以上的原子核在超高温等特定条件下聚合成一个较重的原子核时释放出巨大能量的反应。因为这种反应必须在极高的温度下才能进行,因此又叫热核反应。

↑ 核电厂

知识小笔记

在19世纪末期,法国科学家贝克勒尔发现含铀矿物可以发射出某种射线。

↑ 核聚变

核裂变

核裂变又称链式反应。在链式反应中，当一个中子撞击一个铀原子时，这个铀原子就会分裂，并会释放出 2~3 个中子。这些中子同样会去撞击其他原子，并依序进行下去。核裂变能释放出很大的能量，原子弹爆炸就是核裂变的结果。

↑ 核裂变示意图

粒子加速器

加速器是一种能给带电粒子加速的装置，它是研究原子核和基本粒子的重要设备。而粒子加速器是粒子回旋加速器和同步加速器的统称。科学家用它们来研究带电荷的粒子。

核武器

核武器是能在一瞬间释放巨大能量，产生爆炸作用并具有大规模杀伤性的武器。未来发展的核武器将是第四代核武器，这是一种不用传统的核爆炸就能释放大量核能的核武器。它也不像发展前三代核武器那样需要进行大量试验，其基础是民用核科学研究。

↑ 核爆炸产生的蘑菇云

种类繁多——新能源

进入21世纪以后,世界范围的能源消费量飞速增长,由于石油、天然气和煤等都是有限能源,人们需要用其他新能源来代替它们。现在常见的新能源有风能、水能和地热能等。由于这些能源对环境危害较少,因此成为了解决能源危机的重要途径。

太阳能

太阳能已经用于计算机、手表,以至发电站。它的潜力巨大,科学家们正在研究挖掘它,希望能早一天把太阳能全面利用起来。

→太阳能

知识小笔记

1992年,我国长江三峡水力发电站开始动工兴建;到2007年,三峡水电站建成并投入使用。

水能

水能是一种可再生的能源,还是一种洁净的能源,因为它不污染空气,也不会产生有害废物。人们已经利用水力来发电,在一个典型的水力发电站中,水库中的水经泵压流进水力涡轮机,使涡轮机转动,涡轮机再带动发电机来发电。

▲水电站

风力发电

风能

风能是指流动的风产生的能量。风能可用来发电，而风车是最早利用风能的机械，但如今风车已被风动涡轮机所取代。

地热能

利用地球内部的热量可以获取地热能。大多数地热能站都建在靠近火山的地区，在那里，地底下的岩石都是炽热的。当水流注入炽热的岩石缝中时，温度升高变成蒸气，蒸气被管道送入地热能站。

核能

核能是一种特殊的新能源，具有庞大的能量。但是核电厂一旦发生核泄漏，将会给周边的环境造成长久性的污染。

核电厂

缤纷世界——显示技术

显示技术是利用电子技术提供不断变化的视觉信息的技术。像我们看到的电视节目就是通过摄像器材将光影图像转换为电信号储存在胶片或其他媒介上,然后发送到电视机,由电视机将电信号还原为图像。

💡 显像管

显像管是电视的一个重要组成部分,它在电视的成本中约占 60%。它的发展历程为球面管、平面直角管、超平管和平面管。它的主要作用是将发送端摄像机摄取转换的电信号在接收端以亮度变化的形式重现在荧光屏上。

💡 CRT 显示器

CRT 就是阴极射线管,我们平时将 CRT 显示器归为一类,就是因为这一类显示器虽然在功能、款式等方面差异较大,但它们的核心技术是一样的,就是都采用阴极射线管。

⬆ 显像管

⬆ 废弃的 CRT 显示器

液晶显示器

液晶显示器的主要原理是以电流刺激液晶分子产生点、线、面配合背部灯管构成画面。而大屏幕液晶显示器作为未来显示器的发展趋势，由于其产品设计天生而来的优势，使其较传统显示器具有更好的发展空间。

◆液晶显示器

◆舞台的灯光用了激光投影后立体效果更加明显

激光投影

激光拥有不容易散射的特点，激光投影在任何地方都不会产生模糊不清的现象。激光投影是通过将电视机中的视频信号转换为光信号，将普通电视的电子枪改为激光枪，将三原色激光直接在空间扫描成像，最终在空间获得逼真的色彩立体影像。

知识小笔记

1926年，英国电器工程师约翰·洛吉·贝尔德演示了第一架电视装置。

显卡

谈到计算机中的显示器，就不能不提到显示卡。显示器必须依靠显卡提供的显示信号才能显示出各种字符和图像。

◆显卡

移花接木——器官移植

在医学领域里,器官移植学几年来的成就令世人瞩目。随着器官移植技术的不断提高和对抗器官移植免疫排斥反应的高效免疫抑制剂的诞生,器官移植的成功率已经大大增加。

做皮肤移植手术的病人

皮肤移植

皮肤是人类最早尝试进行移植的组织之一,同时也可能是最早获得移植成功的组织。在古埃及就有专门从事皮肤移植的专业人员。后来人们还发明了取皮器,可以十分方便地采集皮肤,还有许多生物材料被开发出来作为皮肤的代用品,如胎盘膜和猪皮。

角膜移植

眼科医生为了使因角膜疾病而失明的患者重见光明,很早就想到了角膜移植。而在各种移植手术当中,角膜移植术的成功率名列前茅。随着手术显微镜的诞生,角膜移植技术的发展也被极大地推动了。

角膜移植

眼睛

心脏移植

人类心脏移植虽然开始于 1967 年，但仅在 20 世纪 80 年代初才被接受为终末期心脏病的治疗方法。免疫抑制剂治疗和移植物处置的进展才使心脏移植成为可能，并导致了心肺移植的成功和不断发展。

肾移植

肾脏是人类最先取得移植成功的大型器官。1936 年，前苏联医生沃罗诺伊进行了最早的同种肾移植。

骨髓移植

与其他组织器官相比，人类开展骨髓移植的时间较晚。近十几年来，利用骨髓移植治疗血液方面的疾病在临床上已经取得了丰硕的成果，疗效也得到世人的公认。

知识小笔记

1967年，南非医生克里斯蒂安·巴纳德将一位因头部损伤将要死去的 24 岁妇女的心脏，移植给了另一位因患心脏病生命垂危的刘易斯·沃什坎斯基。沃什坎斯基活了 18 天后死于肺炎。

医生正在做骨髓移植手术

科学双刃剑——克隆技术

对于动物尤其是高等动物来说，有性生殖原本是唯一的繁殖方式，但是分子生物学的发展改变了这一切，克隆就是这样一项技术。克隆技术允许科学家利用遗传知识操控动物生殖，在不需要生殖细胞遗传物质的情况下产生新的生物个体。

基因克隆技术包括把来自不同生物的基因同有自主复制能力的载体 DNA 在体外人工连接，构建成新的重组 DNA，然后送入受体生物中去表达，从而产生遗传物质和状态的转移、重新组合

知识小笔记

2003年2月14日，多利由于患进行性肺部感染，被实施了安乐死。

什么是克隆

克隆是一个古老的词语，原意是指植物的枝条繁殖，现在用来指人工诱导的无性繁殖方式。早在 20 世纪 50 年代的时候，科学家们就尝试克隆动物，并获得了成功，不过当时是用低等动物做实验，比如青蛙和金鱼。

克隆动物

在 20 世纪 90 年代，英国科学家把克隆技术使用在哺乳动物羊身上，并取得成功。他们先从一头山羊 A 身上提取体细胞，然后把遗传物质注射进去掉细胞核物质的山羊卵细胞里，这个卵细胞最后发育成一头新个体"多利"，多利的遗传物质和山羊 A 完全相同。

克隆技术的意义

克隆技术给人类带来了巨大的利益，一些优良的家畜可以通过克隆技术大量繁殖，濒临灭绝的动物可以通过克隆技术得以保存，一些绝症在未来也有望通过克隆技术得以解决。

克隆羊

不可忽视的弊端

当然克隆技术也会带来危险，如果有人将克隆技术用于克隆人类，那么将会给人类社会的伦理和道德体系带来极大的冲击，所以现在几乎所有国家都禁止将克隆技术用于人类。

一个人正在打被克隆自己的人

保护家园——垃圾处理技术

二十世纪中期以来,世界各国工业迅猛发展,大城市不断增多,这些都造成地球上的垃圾越来越多,现在已成为危及人类生存环境的一大公害。如何有效地处理这些垃圾,也逐渐成为各国科学家们研究的一个新课题。

填埋法

根据工艺的不同,垃圾填埋法又分为传统填埋和卫生填埋两类。传统填埋法是利用坑、塘、洼地将垃圾集中堆置在一起,不加掩盖,未经科学处理的填埋方法。卫生填埋法是采用工程技术措施,防止产生污染及危害环境土地的处理方法。

知 识 小 笔 记

日本城市垃圾焚烧发电技术发展很快,1989年焚烧处理的比例已占总量的73.9%,90年代升至84%,到2000年完全采用垃圾焚烧法。

垃圾填埋场

堆肥堆里发霉的水果和蔬菜

堆肥法

堆肥法是将垃圾运送到郊外堆肥厂，按照堆肥工艺流程处理后制作成肥料，这种方法成本低、产量大。但是由于经济实用的化肥大量普及，垃圾肥料的市场越来越小。

热解法

在隔绝空气的条件下，垃圾在热解装置中受热而使有机物质分解，从而转化成燃气。燃气进入余热锅炉换热后，通过热蒸气进入汽轮发电机发电。

垃圾发电

最先利用垃圾发电的是德国和美国。1965 年，德国就建有垃圾焚烧炉 7 座，垃圾发电受益人口为 245 万；而美国自 80 年代起投资 70 亿美元，兴建 90 座垃圾焚烧厂，年处理垃圾总能力达到 3000 万吨。

垃圾焚化炉

科技高端——人工智能

人工智能是一门综合性的交叉学科和边缘学科，它的研究不但涉及计算机科学，还涉及神经生理学、心理学、语言学、逻辑学等许多学科领域。

人工智能的产生

"人工智能"这个术语在 1956 年被正式提出，美国达特莫斯大学的麦卡锡与哈佛大学的明斯基等人共同发起了第一次人工智能研讨会，他们从不同学科的角度，探讨了人类智能活动的特征以及用机器进行模拟的可行性。

↑ 人工智能计算机

知 识 小 笔 记

1956 年，美国人塞缪尔研制成功了具有自主学习、自主组织、自主适应能力的跳棋程序。

机器学习

机器学习是机器具有智能的重要标志，同时也是机器获取知识的根本途径。由于机器学习在机器智能中的重要地位，使得机器学习很早就成为人工智能的一个重要研究领域。

语言理解

语言是人类进行信息交流的主要媒介,但由于它的多义性,目前人类与计算机系统之间的交流还要依靠那种受到严格限制的非自然语言系统。现在的人工智能研究一般是在文字识别和语音识别系统的配合下,进行书面语言和有声语音的识别与理解。

◀ 语音识别

模式识别

模式识别就是使计算机能够对给定的事务进行鉴别,并把它归入与其相同或相似的模式中。其中,被鉴别的事物可以是物理的、化学的、生理的,也可以是文字、图像、声音等。

智能导弹

目前研制的智能导弹是在巡航导弹基础上装了激光雷达、毫米波雷达、前视红外仪和新式计算机控制系统,它能在飞到敌方上空后自动搜索、识别、跟踪目标,选择最佳点实施攻击,消灭一个目标后立刻转向另一目标继续攻击。

▲ 指纹识别

精准定位——新导航技术

最古老最简单的导航方法是星历导航，人们通过观察天空星座变化来确定自己的大致位置。而当人类将卫星送上天空以后，预示着未来的导航将进入一个崭新的时代。GPS 全球定位系统就是这样一个卓越而准确的导航系统。

GPS 含义

GPS 就是全球定位系统的英文缩写，是运用现代先进技术开发的尖端导航系统，它运用至少 3 颗人造卫星，在极短的时间里确定地球上某个目标精确的地理位置。

GPS 的原理

GPS 的定位原理是：用户接收卫星发射的信号，从中获取卫星与用户之间的距离、时钟校正和大气校正等参数，通过数据处理确定用户的位置。而在用户的 GPS 接收装置上会出现地图和所在位置的指示。

知识小笔记

GPS 不仅有我们熟知的导航等作用，很多大型的道路桥梁工程中也用GPS作为一种测量方式。

▲ 车载 GPS 导航

第二代 GPS

这个系统最初是由美国陆海空三军于20世纪70年代联合研制的，后来，此系统历经20余年的研究实验，耗资300亿美元，直到1994年3月，全球覆盖率高达98%的24颗GPS卫星星座才正式布设完成。

▲ GPS 导航仪

GPS 的应用

现在GPS系统的应用已不再局限于军事领域，而是发展到汽车导航、大气观测、地理勘测、海洋救援、载人航天器防护探测等各个领域。

警方的 GPS

警方通过引入 GPS 强化防控体系，通过在重要保卫目标上安装秘密报警装置，接入移动通信短信息或者卫星跟踪等方式提供有效的安全保障。在金融网点、运钞车等要害部门使用GPS可以有效地遏制犯罪，让警方破案率得到提高。

▲ 游轮上都会安装 GPS 导航系统，防止在大海上迷失方向

包罗万象的

科学知识